はじめての古文書教室

林 英夫——監修

吉川弘文館〔発売〕
天野出版工房〔発行〕

はじめに

一九四〇年（昭15）は「皇紀二六〇〇年」を記念する事業が、全国的に展開した年であった。私の郷里ではこの年「町史」を編さんする事が決まり、委員の方が、私の生家を訪ねて古文書の有無を問われたが、母はないと答えたという。当時、学生であった私は帰省してその事を知った。子供の頃、屋根裏・隠居宅・倉などにあったタンス・木箱・長持などに昔の帳面があることを知っていたので、早速取り出して開いて中身を読もうとしたが、表題位はなんとか読めたが、中身はほとんど読めなかった。しかし、未知の先祖や近所で起きた様々の情報は新鮮で、初めて古文書から知った事件などに引きこまれたが、読解力がなく委員の森徳一郎・尾崎久弥の両先生に教えていただく事もあったが、生家へ三日に一度位は顔を出す当時七十代後半と思われる老人に教えられた。読めない部分を空欄にして原稿化し、この古老に聞き空欄を埋めていった。

この方は、若い時に商家での丁稚奉公を経てやがて帳場を仕切る番頭として金銭出入から得意先への挨拶状に至るまで取り仕切るようになったという。この過程の中で文字、書き様などを先輩の小僧たちから教えられたのであろう。私は当時、噯・啝とか見た事のない字に出会い、この方に問うと「あつかう」「さばく」と教えられた。この方は商業ルートを結ぶ町共同体の伝承的教育体形の中で字を覚えられたのである。村社会では寺子屋があったが、その上に商業用用語・工業的用語など職人的社会にそれぞれ言語があった。また村役人となると地方《じかた》用語を修得しなければならないなどで、寺子屋だけでは追いつけない文字社会の用語もあり、帳付けの方法もあった。

江戸時代から村や町の、それぞれの伝統的共同体のほかに年齢の段階や職務、家の柄によって知得させる文字社会があり、人はそれぞれに文字を教えられ、これを孫子だけでなく、共同体に伝習していく慣習があったのである。私もこの伝統の中で知得したのである。

だから、私は「近世文書の読み方辞典」から教わったのではない。また、こうした本は明治以後は存在していなかった。「書簡の書き方」のような本はあったが、古文書の読み方のような本はなかった。

かなり前に、ある社の社長から近世文書を読むための「辞書」を作って欲しいと言われたが、その時、読めない人がひける辞典はできないと言ったが、熱心に依頼をうけたために、それでは読めるようになるための入門書ということになり、これが日本で最初の『近世古文書解読字典』となって刊行された（七二年五月一日刊）。これは厳密には辞典ではなく、読むための前提となる古文書の何通かを写真版で示し、まずある程度の読解力を持ってから疑問の文字を引くという形式をとったが、この本は今でも刊行されている。

さて、その後近世古文書を読解するための様々の字典が出ているが、前述の『近世古文書解読字典』をこす新しい工夫をこらした本は、きわめて少なく、一、二点にすぎない。本書は『はじめての古文書教室』とあるように、初心者が最初につかえるような部分を事例として示し、この順序にしたがって読み進めて行けば、読解力が速く身につくように工夫している。くずし字の　字一字まで要領よく解説されていて、記憶するためのヒントや解読技法のポイントまで示している。また、読み下し方のみならず、現代語訳まで付いていて、くずし字を読めるくらいにはなったが今一つ意味が理解できないという、これまでの初学者の悩みを一挙に解決してくれる。さらに、これまで近世用語や独特な言い回しを独自の読み方で読んでこられた方には、一々読み仮名が付されているのも便利である。いずれにしろ一回一通り読むだけでなく、何度も読み返して、表現法や候文《そうろうぶん》に慣れる事、よく返り点をつけて読むから、これは漢文と思う方があるが、これは漢文ではなく日本文で、返る文字はきまっているから慣れてしまえば、読むのに抵抗感はなくなる。だから、この本を教本として何度も見返し、読み返して学んでいただければ良いと思っている。つまり、この本を読み返していただければ、いつの間にか古文書が読めるようになる本である。

二〇〇五年八月一日

林　英　夫

はじめての古文書教室　もくじ

古文書教室 開講

この本は、初めて古文書《こもんじょ》を読もうと考えている方や、以前にちょっと古文書をかじったことがあるけれど、難しく感じてしまってなかなか読めるようにならない、続かないという方に、一人でも勉強が続けていけるよう編集したものです。一見模様のようにもみえる古文書のくずし字を解読するには、「習うより慣れろ」という言葉が示すとおり、繰り返し読み直し、書き写して学ぶことが最も早道です。ただ、「どういう古文書をテキストとして選んだらよいのかわからない」、「慣れろとはいっても、むやみに読むだけではなく、解読技法のポイントを押さえた解説文が欲しい」、「読み方が難しくてどうもよくわからない」、「ことばや文章の意味がわからず、現代語訳ができなくて面白くない」など、最初につまずきがちな点に配慮して解説しました。家で自習するときに、良きペースメーカーとなるようになっています。初学者にふさわしいと思われるテキストとして、14点の古文書を選んでみました。本書と、一般の『古文書解読字典』などを一緒に使って学んでいけば、自然とくずし字解読の基本が身につくはずです。ぜひくずし字解読に慣れるまでの間、座右の友として利用してください。

それでは、もう少し具体的に、本書の特徴を説明してみましょう。

まず、1章に1点の古文書を読み切る形をとりました（第5章「五人組」を除く）。古文書解読を修得していく方法として、江戸時代の手習《てなら》い本や幕府・藩の法令集、御用留《ごようどめ》のような冊子を利用して、同じ手本や手筆で書かれているものを継続して読み進め、一冊読みきるという方法があります。それは初学者にとっても有効ですが、この『古文書教室』では、本書の体裁にあわせ、限られた中で出来るだけ多くの種類の古文書に触れて欲しい、と考えました。したがって、比較的文章が短く、ほぼ和紙一枚で一点となる古文書をテキストとして選んでいます。そうすれば、例えば一日一点、あるいは一週間に一点決めて読むというように、一つずつ区切って学習しやすく、皆さん自身で継続的な学習計画をたてやすいでしょう。また、各章が独立しているので、最初の古文書から順番に読み始める必要はなく、それぞれが興味ある内容の古文書を選んで読み始めていくことができます。まず面白そうなところからめくって、始めていけるわけです。

次にテキストとした古文書の時代は、今日最も多く古文書として伝わって読まれている、**近世《きんせい》（江戸時代）**のものを使いました。近世の古文書は、もちろん二百六十年間に多少の変化はありますが、幕府法令から庶民が書いた証文に至るまで、**御家流《おいえりゅう》**（尊円流《そんえんりゅう》・青蓮院流《しょうれんいんりゅう》）のくずし字を基本として書かれています。数多く出版された手習い本の字体も御家流でした。現代に近い明治時代の古文書などの方が読みやすそうに考えられるかも知れませんが、近代ではさまざまな人が文字を書くようになったためくずし字も多様になり、かつ筆と墨で書いたもの以外の文書も数多くあり、初めて古文書に触れるテキストとしては適切とはいえません。また、近世の文体は、古代・中世の古文書とくらべて、上・中・下点や一・二点、レ点など**返って読む字**（**返読文字**）が決まりきっており、歴史用語や難語の数も少なくなっています。このように、前後の時代に通じる御家流の統一的なくずし字と、文章の読みやすさという点から、近世の古文書を取り上げることにしました。

そして何より、初めて古文書を学ぶ方が触れるのにふさわしい、御家流のやさしいくずし字、典型的な形のくずし字で書かれているテキストを選んでいます。文字と文章にはルビと訳を必ず載せ、**返読文字**、**変体仮名**《へんたいがな》、**異体字**《いたいじ》、**略字**、**合字**《ごうじ》（合わせ字）など、今日とは異なる特殊な文字・用法について、そのつど解説しています。これらは、今後古文書を解読していこうと考えている方にとって、避けては通れない基本的な事項です。少ししつこいくらい繰り返して解説していますが、それがうるさく感じるようになったら、その文字や用法をマスターしたということです。本書の参考資料や、用例などがまとめて出ている市販の『古文書解読字典』類と合わせて読み進めていくと、一層効果的です。

最後に、本書に掲載した古文書の種類は、一部を除き「**地方文書**《じかたもんじょ》（村方文書《むらかたもんじょ》）」と専門家の間で呼ばれている史料から選びました。「地方」とは室町時代に幕府役職の名称として使われた言葉ですが、近世では専ら民政、今日流にいえば地方行政という意味で使われるようになりました。「町方《まちかた》」は対語となります。江戸幕府では、勘定奉行《かんじょうぶぎょう》が司る勘定所が郡代《ぐんだい》・代官《だいかん》といった役人を部下として幕府直轄領（天領）の地方支配にあたり、江戸の町は町奉行を長とする町奉行所の管轄となっていました。しかし、江戸幕府の郡代・代官たちは、必ずしも常に自分の担当地にいたのではありません。江戸の町に居ながらにして、文書でもって法令・指示の伝達、年貢・諸役の賦課・徴収、生活・風紀の規制など多種多様な指示・命令を行っていました。いわば「文書による支配」を行っていたわけです。これは、戦国の世を終焉させた豊臣秀吉が実施した兵農分離政策により、当時の社会の支配者であった武士は主君の居る城下町に集められ、自分の所領には居住しなくなったことによります。そして、二百年以上にわたる太平の世の到来は、証拠主義・先例重視・文書主義に基づく文書行政を発展させる条件を生み出しました。武士による庶民支配も、近世前期にはほとんど文書によるようになります。

では、一般庶民はどのようにしてその文書を受け取っていたのでしょうか。文書による支配を可能としたのが、**村請制度**《むらうけせいど》でした。これは、簡単にいえば村や町・宿《しゅく》に自治的な機能を持たせて、村や町・宿を単位に文書を通知し、指示・命令を履行させるという制度です。逆に村の側から訴願がなされることもありました。近世の村は、おおよそ現代の大字《おおあざ》にあたります。村・町の代表者を**村方三役**《むらかたさんやく》（地方三役《じかたさんやく》）といい、その長である名主《なぬし》・庄屋《しょうや》を責任者として、こまごまとした実務にあたらせました（第6章「村役人」参照）。例えば、幕府や領主が徴収する年貢《ねんぐ》は、個人や家（世帯）単位に賦課されるのではなく、村を単位として納入を命じられます。その村の年貢総額を算出した年貢割付状《ねんぐわりつけじょう》によって、村へ宛てて通知されました。村内、町・宿内での割り振りは、一定の基準はあったものの、各村の事情にあわせて各戸から徴収することも認められていました。文書処理と管理は名主の重要な役目であり、そのため大量の地方文書が今日まで伝来することになったのです。

こうした地方文書を読むことを通じて、当時の庶民と武士の姿を知ることができます。そして、地方文書は、旧家などで身近に伝えられてきた文化財であり、今日では各自治体史の編さんで数多く利用され、文書館や博物館・郷土資料館などで実物や写真を見ることが容易になってきています。さらに、日本の近世史研究の中で、戦後最も成果があった調査はこの大量の地方文書の発見であり、それに基づく目録の刊行や研究の成果も数多く存在します。皆さんに身近で、実物を手に取りやすく、調査と研究の蓄積もあるということから、地方文書をテキストとしました。多くの方にとって自分のご先祖様が辿りやすい時代、自分の住んでいる場所の歴史が必ず何らかの古文書に記されている時代である、近世の一般的な古文書を読むことで、古文書に親近感を持って接していただけるようになれば幸いです。

この本の使い方

『はじめての古文書教室』では、まず各章の最初に、その章のテキストとなる古文書の種類と歴史的背景などについて、簡単に概説しています。早く字が読みたい方は、ここは飛ばして写真を見てみましょう。ただ、少なくとも一通り解読した後に最初の概説を読むと、より本文の意味が理解できたり、他の同種の古文書を読むときに役立ちます。また、近世社会の様子をより深く訪ねていくときの手がかりとなります。

続いてその章でテキストとして使う古文書の写真があり、行ごとに番号が打ってあります。この行番号は、本文を読もうとして原文写真と照らし合わせているとき、解読している行を知る目安となるものです。

本文では、1行ごとに解読文と意味、注意すべき字体や類例、返読文字、用法などについて解説されています。1行の文字数の目安とするため、❶❺❿と5文字ごとに番号がふってありますので、どこを読んでいるかわからなくなったら、参照してください。とくに最初のうちは、どこで字が切れるのかわからなくなったり、1文字が2文字にも3文字にも見えたりすることがありますので、字数を確定することも重要です。

それでは、どのようにこの本を使っていけばよいのか、実際にやってみましょう。

これは本文中にあるテキストから抜き出しました。古文書のタイトル、表題の部分です。同じか似たタイトルのテキストがあと2点あります。どの章のものかは皆さん自身で探してみて下さい。最初の1文字（）ですが、字なのか、記号なのかわからないような形です。また、冠《かんむり》と脚《あし》のようにも見えますし、2字にも見えてしまいます。この1字を見ただけで、難しいと拒否反応をおこしてしまう方も多いのではないでしょうか。しかし、この字は、近世の古文書ではポピュラーな文字であり、よく使われる形のくずし字でもあります。だまされたと思って、ぜひこのままの形で覚えておいて下さい。他の古文書でもよく見かけるので、1回で覚えられなくとも、そのつど注意していれば、知らないうちにきっと覚えてしまうはずです。答えをいうと、これは「乍《ながら》」。今日ほとんど使わないので、一層難しく思ったかも知れませんね。次の字は、脚が「心」ということはわかるでしょう。これも典型的なくずし字の形で、「恐《おそれ》」です。いわれると、ああそうかと納得される方も多いでしょう。2文字続けて「乍恐」となります。

さて文字はわかったとして、ここで問題となるのが、古文書独特の読み方です。古代から近代まで、総じて文書は**和漢混淆文**《わかんこんこうぶん》で書かれていました。学校の漢文などで習う上・中・下点、一・二点、レ点などによって**返って読む字**（返読文字）があるということです。古文書解読を学ぶ上で、くずし字の形と一緒に返読文字を知ることは、避けては通れないことです。「被」「可」「不」「無」「有」「為」「難」「奉」「乍」…など、よく出てくるものはざっと20〜30字ほど。近世では上・中・下点を必要とするような返り方はあまりなく、多くは一・二点とレ点です。返読文字が出てきたら、無意識に返って読む癖をつけてしまうことが、習得の早道です。「乍恐」はレ点で返って、「おそれながら」と読みます。読みがわかると、大河ドラマや時代劇などのセリフでよく耳にする言葉であることに気づくでしょう。

続く4文字は、ほぼ楷書で初めてでも読める方も多いと思います。「書付ヲ以」です。書付は書面・書類のこと。書面でもって、書類によって、という意味になります。この文のうち、**片仮名**「ヲ」が使われていますが、**平仮名**の「を」ももちろん使われます。こうした仮名文字は、平仮名・片仮名の他に**変体《へんたい》仮《が》名《な》**という厄介なものも実によく使われています。変体仮名とは、明治時代まで普通に仮名文字として使われていた、現在使用されていない仮名文字のことです。「者」を「は」、「而」を「て」、「茂」を「も」、「登」を「と」など、同じ仮名でも元になる漢字が複数あるため、無数の例があります。小説や俳諧・和歌など文学作品などでは、よく使われています。古文書の文章は、漢文体に近く送り仮名はあまり使われませんので、読むときには送り仮名がなくてもそれを補って読む必要があります。古文書によく出てくる変体仮名は数が限られていますので、そのつど確認しましょう。

最後の4文字は、どれも定番の文字です。3文字目の「上」は読めるとしても、他の文字は少し学んだ人でないと、すぐにはわからないでしょう。「奉願上候」で、「ねがいあげたてまつりそうろう」と読みます。わからなかった方は、「奉」（くずしと返読文字）、「願」（くずし）、「候」（くずし）を必ずチェックしておきましょう。チェックを繰り返すことで、すぐにくずし字に慣れてきます。また、文の最後が「候」で終わる形の「**候文《そうろうぶん》**」という文体も重要です。現代語で文末の言葉「です、ます」にあたる言葉になりますが、「候《そうろう》ニ《に》付《つき》」、「候《そうろう》儀《ぎ》」、「候得共《そうらえども》」、「候得《そうらえ》者《ば》」、「候間《そうろうあいだ》」ほか、候に続いて書かれる字も多くあります。

以上の10文字を並べると、「乍レ恐《おそれながら》書付《かきつけ》ヲ《を》以《もって》奉二願上一候《ねがいあげたてまつりそうろう》」となります。「恐れ多いことですが、書面をもって願い上げ奉ります」という意味になります。抵抗なくこれくらいのくずし字が読めるようになるまでがんばって下さい。

一方、初めからこれをすらっと読めた方は、恐らく本書に出てくる古文書は、快調に読み進めていけるはずです。本書にあるいろいろな種類の古文書に触れて、古文書の世界を広げていってください。

※テキスト配列は、第1章より第4章までは家に関すること、第5章より第8章までは家が属した村と領主に関すること、第9章より第11章までは道に関すること、第12章より第14章まではその他古文書としました。

※本文解説中では、原則として常用漢字を用い、旧字体・正字体、異体字については適宜注釈を加えました。

※本文解説および章末の「解読文」については、助詞として用いられている変体仮名、たとえば「は・者」「え・江」「も・茂」などについては、原則として漢字で小さく右に寄せて「者」「江」「茂」とし、また「と・与」「て・而」などの、漢文の助字が跡をとどめたと思われる真仮名についても、「与」「而」としました。

※章末「解読文」には、読み仮名を付しましたが、複数の読み方のあるものは近世文書における一般的な読み方にしました。

※本書編集に当たって資料の掲載には、多くの機関・個人の方々にご協力を賜りました。ここに厚くお礼申し上げます。

はじめての古文書教室

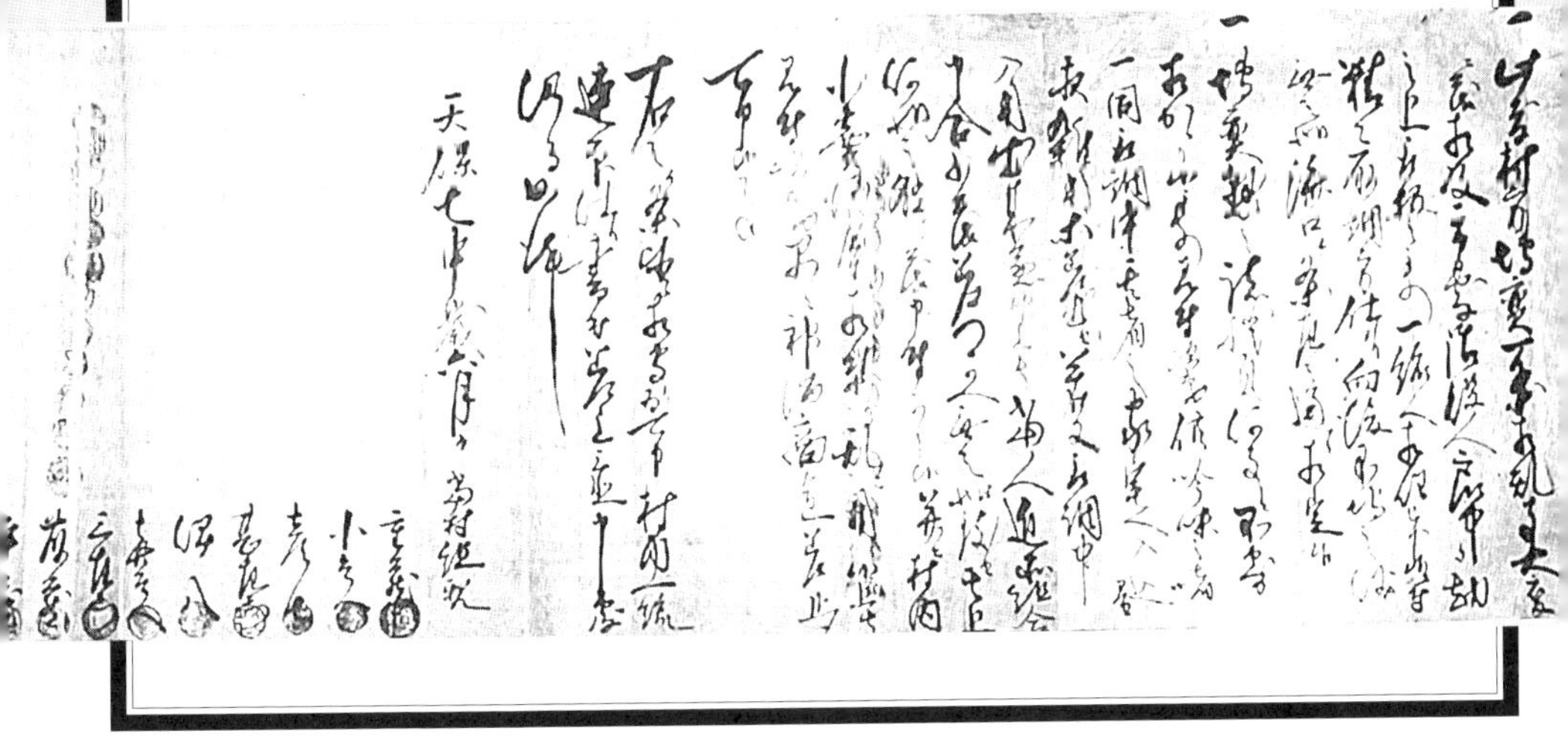

第1章 婚姻——宗門送り手形「送り一札」天保九年戌三月

本史料は、一般に「宗門送り手形」あるいは「村送り状」と呼ばれる古文書です。これは、結婚や養子縁組、奉公・引越などで住所を変更する際に、前の住所の村役人から移動先の住所の村役人に差し出された、いわば「送籍証明書」ともいえるものです。同時に移住者の菩提寺《ぼだいじ》である檀那寺《だんなでら》からも送籍のための証文・手形類が発行され、新しい居住する村と、寺請《てらうけ》する檀那寺両方の切り替え許可を得る手続きをしなければなりませんでした。これを受け取った移転先の村役人は自分の村の人別帳に名前を書き加え、その旨を書き添えた請取状を発行しました。これを落着証文《おちつきしょうもん》といいます。

この文書は、尾張国中嶋郡西五城村の庄屋である惣兵衛から同郡起村《おこしむら》庄屋林浅右衛門に宛てたもので、西五城村の久左衛門の妹である「とみ」が起村の嘉右衛門に嫁ぐのに際し、本人が代々浄土真宗信行寺の檀家《だんか》であり禁じられているキリシタン宗門と関係ないこと、親類にもキリシタン宗門の者はおらず、もしそれに相違がある場合は、自分が出て行き申し披《ひら》きをし、相手村に一切迷惑は掛けないので、人別帳《にんべつちょう》に名前を載せていただきたいという要望を記しています。

これに対し上記のように移転先の村から元の村に確かに村送り状を受け取り、人別帳に名前を加えた旨を記した文書が発行されてはじめて人間一人の移動が公的に認められることになるわけです。

① 送り一札

② 中河原村八左衛門妹とみ当戌年二拾
③ 三歳ニ相成申候、今般其御村喜右衛門方江
④ 縁付参り申候ニ付、右宗旨之儀浄土宗ニ而宗
⑤ 門村徳行寺旦那ニ紛無御座候、勿
⑥ 論御制禁之切支丹宗門之類族之者ニ而
⑦ 無之、親類ニ至迄御禁宗門之者壱人茂無御座候
⑧ 若後日怪異宗難之出所人御座候ハヽ
⑨ 拙者何方迄も罷出急度致申披可仕候

⑫ ⑪ ⑩

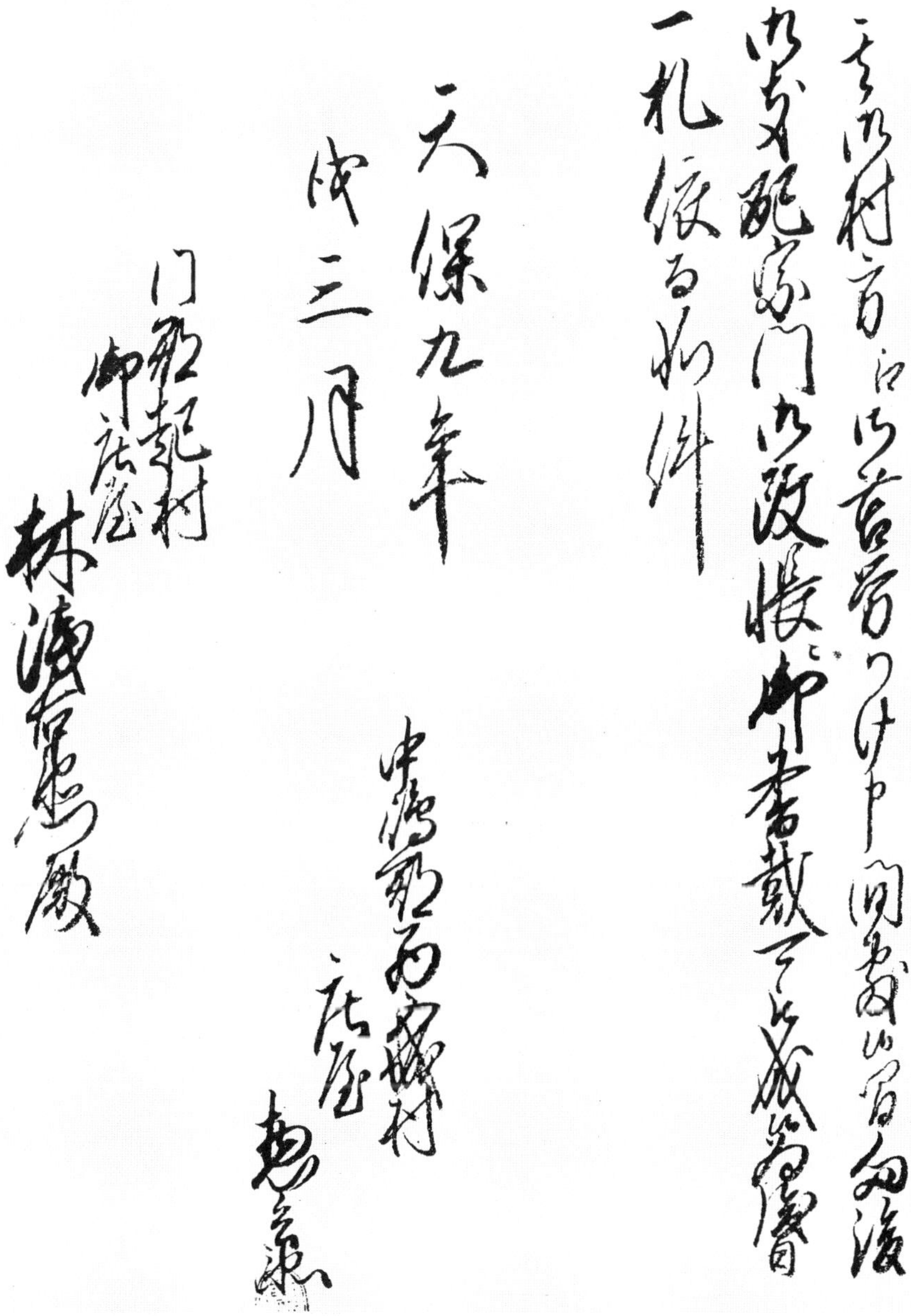

（一宮市尾西歴史民俗資料館所蔵・林家文書）

①

送り一札

①行目から読んでいきましょう。最初は表題です。「送《おく》り一札《いっさつ》」とあります。ほぼ行書体ですので解読は容易でしょう。注意したいのは「札」の「木《きへん》」ですが4画目が省略され「扌《てへん》」のように書かれる点です。また「礼・」と似ていますので注意してください。

②

中嶋郡西五城村久左衛門妹とみ当年三拾

次に②行目の冒頭ですが地名（郡名・村名）が書かれています。1字目の「中」は問題ないでしょう。2字目は「嶋」ですが、「山《やまへん》」の字体と旁《つくり》の「鳥」のくずしはぜひ覚えて下さい。3字目の「郡」は旁の「阝《おおざと》」が特徴的です。同じ仲間に「那」「邪」「部」などがあります。もちろん、素直にと書かれることもあります。「中嶋郡《なかじまぐん》」は尾張国《おわりのくに》の北西部に位置します。

次は村名です。4字目は「西」のもっともポピュラーなくずし方です。1画目の後にどうも4画目の縦画が先に来る様です。次は数字の「五」。数字は一覧（36ページ）にしましたのですべて読めるように慣れてください。次はやや読みづらいのですが、「土《つちへん》」に「成」で「城」という文字です。次の「村」までで「西五城村《にしいつしろむら》」と読みます。

その下には人名が兄妹で書かれています。始めは「久左衛門《きゅうざえもん》」で次が「妹とみ」

です。「左衛門」「右衛門」の違いは「左」と「右」だけです。一般に横画から入る場合は「左」、「ノ」から入る場合は「右」といわれていますが、人名の場合はむしろ「左」も「右」も横画から入る場合が多いようです。また、右下の「口」と「工」の書き方で判断することも出来ます。右下が右へ延びると「右」、縦に長く延びると「左」と判断することができますが、なにより慣れることが第一のようです。また、10字目の「衛」のくずしも難解です。これ1字だけではどこが偏でどこが旁なのかの判断がつきません。これも史料をたくさん見ていると慣れてくるものです（124頁参照）。15字目は「当」と読みます。「当」のもっとも一般的な字体ですのでぜひ覚えてください。ここでは「今年」の意味です。「当＝今年」と来れば次に十二支が来ます。全部正しく漢字で書けますか。一覧（36頁）で確認してみてください。は「戌《いぬ》」です。1行目最後の文字は「拾《じゅう》」で、これは「数字のくずし方」（36頁）の中にも「十」と一緒に掲出してあります。

③

③行目に移ります。2字目は難読文字です。これは上下に分割して考えます。上部は「止」です。下部は一見「来」のようですが、これは「成・」の後者のくずしです。これを合わせると「⿱止成」となりますが、このような漢字はありません。そこで「⿱止成」の代用として「成」を用いたと考えると「歳」という文字に辿り着くのではないでしょうか。

さて、3字目の小字「二」を読み落とさないように注意してください。助詞の「に」です。4字目

は語調を整える接頭語の「相《あい》」、次のは第2画目の横画が省略された「成」、6字目は「丸に縦棒」で「申《もうす》」と読みます。これはさらに略されるとはじめの小円は点になります（）。次のは「候《そうろう》」です。「候」の頻出度は近世文書ではナンバーワンです。それだけにくずし方もさまざまあります。例をあげますと、

などといくつ通りかのくずし方があります。最も省略されますと点だけになります。

さて、次のも難読文字です。これは「処」の正字体（旧字体）「處」、もしくはその異体字「䖏」のくずし字と推測できます。もう一つの解読へのアプローチ法としては、1字上の「候」に着目し、「候」にさまざまな語彙が付いて前後の文章をつなぐ場合があるいう点に注目する方法もあります。例えば、「候間《そうろうあいだ》」「候趣《そうろうおもむき》」「候段《そうろうだん》」「候由《そうろうよし》」などで、前後の文章を順接したり逆接したりさまざまな意味をもった接続の仕方があります。その一つに「候処《そうろうところ》（處）」という用法があります。これは「～したところ、～したおり」などと訳されます。本文書の場合、「三十三歳になったところ」という意味ですので、まさしく「候處」と判読すれば良いことになります。②行目冒頭からここまでの文意は、「**中嶋郡西五城村久左衛門の妹とみは戌年の今年三十三歳になりますが**」ということになります。

さらに読み進みましょう。9字目「今」は読めますね。次のは「般」です。「舟《ふねへん》」の2画目の縦画は省略されるのが一般的です。「今般《こんぱん》」で「この度」の意味です。その下の文字はかなりくずされていますので要注意文字です。理屈抜きで覚えるしかありませんが、これは「其《その》」です。

ぜひ目に焼きつけてください。次は、尊敬や丁寧の意を表わす接頭語の「御」です。これもさまざまにくずされる文字の一つです。いくつか例をあげてみます。

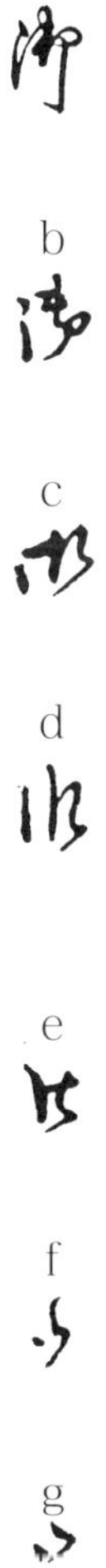

次のは「村」です。3文字で「其御村《そのおんむら》」と読み、「そちらの村」の意味です。つまり、宛書にあります「起《おこし》村」をさします。次は人名です。「とみ」の結婚相手ですが、「嘉右衛門」と読みます。は「嘉」の異体字「⿱吉加」です。異体字とは、現在使われている漢字とは異なる字体のことで、省画されたり、偏や旁・冠の位置が変えられたり、さまざまなケースがあります(160頁一覧参照)。さて、3行目最後の小字は「江戸」の「江」ですが、これは変体仮名で「え」と読みます。ここでは方向・方角を示す「〜へ」の意味の助詞です。助詞として用いられる場合はこの様に右に小字で書かれることが一般的です。6文字で「嘉右衛門《かえもん》方江《かたえ》」となります。

④

④行目に移ります。1字目は典型的な「糸《いとへん》」です。これはさらにくずすととなります。旁の上部は「彑」、下部は「豕」で「縁」となります。2字目は「付」ですので2文字で「縁付《えんづき》」と言う熟語になり、意味は「嫁ぐこと・縁組すること」をいいます。

3字目は「参」の最も一般的なくずしです。「∠」に「未」で「参」と読みます。ここでは送り仮名を含め「まいり」と読み、「縁」以下「申候」までで、「縁付参り申候《えんづきまいりもうしそうろう》」となります。3行目「今般」以下ここまでの文意は、「この度そちらの村の嘉右衛門様方に嫁いで行きます」となります。

さて、7字目は「∠」に「十」で「此《この》」と読みます。頻出文字ですので必ず覚えてください。次のは「耂《おいがしら》」に横画が略された「日」で「者」です。9字目は「宀《うかんむり》」に平仮名の「ふ」のように書く「示」ですので「宗」となります。次のは「ヒ」に「日」で「旨」で、2文字で「宗旨《しゅうし》」となります。「宗旨」は宗派や宗門と同義です。次のくずしは変体仮名です。③行目の「其」に類似していますが、「は」と読みます。この字母(元の漢字)は「者」で「〜は」の意の助詞です。翻字《ほんじ》(楷書体にすること)する時は「は」とするか、漢字で「者」もしくは小さく右に寄せて「者」とします。頻出しますが・・などとも書かれますのでぜひ覚えておいてください。

12字目のは筆順をたどれば「代」と読めますね。次のは踊り字といいます。漢字の場合は「々」という記号を翻字の際には用いることが多いようですが「ゝ」と書くこともあります。ちなみに、平仮名は「ゝ」、片仮名は「ヽ」を用います。したがって「此者宗旨者代々《このものしゅうしはだいだい》」となります。

さて、14字目以下一群の用語を読んでみましょう。1字目から「氵《さんずい》」に横画が1画少ない「争」で「浄」。次は、「土」。3字目は難読ですが、上部が「生」のように書く「直」、下部は横画を略した「ハ」で「真」となります。最後は既出ですが、「宀《うかんむり》」に平仮名の「ふ」に似た「示」で「宗」となり、4文字で「浄土真宗《じょうどしんしゅう》」となります。

⑤

⑤行目冒頭は、小さく書かれた「二」に平仮名「る」に見える「而」で「にて」と読みます。「而」は漢文の助辞が跡をとどめたと思われる真仮名「て」で、翻字の際は平仮名で「て」とするか、漢字で「而」または小さく「而」とします。「にて」で「〜で」の意味です。したがって、前の行の「此者」以下の文意は、「この者は宗派が代々浄土真宗で」となります。

続いて3字目から読んでいきましょう。は「同」と読みます。この様に「同」は中の「口」が省略されるか、点に書かれる場合（）が一般的です。また、前者は「門」に類似していますので注意してください。次は2行目で出てきました「郡」です。「阝《おおざと》」の字体を再確認してください。7字目は「亻《にんべん》」に「言」で「信」。次は「彳《ぎょうにんべん》」に「亍《チョク》」で「行」。9字目「寺」は問題ありませんね。「信行寺」は中嶋郡西五城村にあった寺の名前です。次は「日」に「一」で「元旦」の「旦」。その下のは難解です。旁は既出ですが「阝《おおざと》」です。偏は横画が省略された「月」で「那」となります。「旦那《だんな》」は正しくは「檀那」と書き、信者である「檀家」と同義です。次の小さな助詞の「二」も読み落とさないように注意しましょう。9文字で「同郡同村信行寺旦那二《どうぐんどうそんしんぎょうじだんなに》」となります。

の偏は④行目1字目と同じ「糸《いとへん》」です。旁が難解です。これは「分」の典型的なくずしです。書き順に注意してください。の部分が「分」と考えられます。「ノ」の後に「刀」を書き、最後に右上に点のように「、」を書いています。つまり「紛《まぎれ》」となります。次のも頻出文字です。これは「無《なし》」と読みます。下から返って読む助動詞で、「〜ない」の意です。このように下から返って読む文字を返読文字《へんどくもじ》といいます。さて、「無」の下は③行目で出てきました「御」です。いくつかパターンをあげた（23頁）一般的な書体にない形です。次のは「广《まだれ》」に「生」と書いて「座」と読みます。「广《まだれ》」は3画目の左側に点が付く場合、もあります。「御座《ござ》」の次は既出ですが「候《そうろう》」です。「候」は「あり」「おり」の丁寧な言い方ですが、「御座」が付くとさらに丁寧さが増します。また、「紛《まぎれ》無ニ御座ニ候《ござなくそうろう》」は慣用句ですのでぜひ覚えておいてください。「相違ありません」という意味です。④行目の「代々」以下の文意は、「代々浄土真宗で同郡同村にある信行寺の檀家に間違いございません」となります。

最後の文字は「勿」です。「向」と類似していますので注意してください。

⑥

はじめは「言《ごんべん》」に「侖」で「論」となります。旁の上部「人」が「∠」となる点に特徴があります。前行最後の「勿」が来れば七、八割方は「勿論《もちろん》」となりますのでこの熟語はぜひ覚えてください。

2字目は③行目で出てきました尊敬・丁寧の意の接頭語「御」です。次の文字の偏は「失」の様にも「先」の様にも見えますが判然としません。旁は「刂《りっとう》」で間違いありません。これは保留して次を読んで見ましょう。これは上下に分解すると判読できます。上は「林」です。「木」を二つ並べて2本の縦画から横画へと一気に書ききっています。下は平仮名の「ふ」に似た「示」ですから、上下で「禁」と読みます。さて、1字上の文字に戻ります。2字目が「禁」の付く熟語を思い出してください。そうです、「制禁《せいきん》」です。「制」の偏の中央縦画が途中で切れていたため読みづらかったのです。「制禁」は、決まりによって禁止することです。5字目、は変体仮名の「の（之）」です。「し」の様に書かれるのは、変体仮名「し」も「之」を字母漢字としているからです。

次の「切支丹宗門《きりしたんしゅうもん》」は読めますね。キリスト教のことです。さて、11字目ですが、典型的な「⺮《たけかんむり》」です。これはぜひ覚えてください。下部は「肋」です。「力」の「ノ」が点になるところに特徴があります。「目」は問題ありませんね。次は先ほども出てきました「之」です。「筋目之《すじめの》者《もの》」で「関係している者」の意味です。は「二而者」で「にては」と読みます。

⑦

1字目は既出です。下から返って読む「無《なし》」でしたね。次は「之」ですが、この場合は「これ」と読みます。したがって、「これなく」と下の文字から読み、前行で述べたことを否定しています。⑤行目最後の「勿」から読み下しますと「勿論《もちろん》御制禁《ごせいきん》の切支丹宗門《きりしたんしゅうもん》筋目《すじめ》の者《もの》にてはこれなく」となり、その文意は、「もちろん禁止されているキリスト教の関係者（信徒）ではなく」となります。

3字目は「親」ですが、行書に近いので判読も容易でしょう。次は難読文字です。旁に着目してください。これは「頁《おおがい》」のもっとも一般的なくずしです。原型をとどめていませんが、頻出します。同じ旁を持つ漢字には「順」「預」「領」などがあります。さて、1字上の「親」と「頁」を頼りに「親類《しんるい》」という熟語を思い出していただきたい。つまりは「类」だったわけです。

次の小字は助詞の「二」です。6字目も難読文字です。左右に分割して考えます。はじめに旁ですが、「お」の右半分の様に書かれている部分は想像もつきませんが実は「刂《りっとう》」です。「判」「別」「前」

などがしばしば・・などとくずされます。偏は説明のしようがないので覚えるしか方法がないのですが「至」です。したがって、「到」で「いたる」と読みます。次の7字目は明らかに「辶《しんにょう》」に「占」と書かれています。「迠」は「迄《まで》」の異体字です。「親」からここまでは「親類ニ到迄《しんるいにいたるまで》」と読みますが、「到」の変わりに「至」が用いられることも多々あります。「至」はとくずされますので比較して違いが判別付くようにしてください。

さて、8字目以下行末まで一気に読みましょう。

は「类」に「頁」で「類」、は既出ですが「門」です。次も既出で「之」。この場合は、助詞ですので「の」と読みます。1字とばして、12字目は筆の流れを追うと「士」に「冖」「ヒ」で漢数字の「壱」となります。は「茂」ですが、これは変体仮名でここでは助詞の「も」として使われています。ここで注意することは「艹《くさかんむり》」は草書では一般に2本の縦画からと書く点です。15字目以下の「無ニ御座ニ候《ござなくそうろう》」はすでに出てきました。したがって「類門之者壱人茂無ニ御座ニ候《るいもんのものひとりもござなくそうろう》」と読みます。「親類」以下の文意は、「親類にもそのような宗門の者は一人もおりません」となります。

⑧

⑧行目を読みます。1字目はとに分けて考えます。前者は「艹《くさかんむり》」です。後者は「右」ですので「若」となります。これは頻出する副詞で「もし」と読みます。「もしも、かりに」の意味です。2字目は左右に分解して解読します。偏の方は、初画の縦画が省略される特徴を持つ典型的な「月《にくづき》」

の草体です。旁は上部が「刀」、下部に「〻」と書かれていますが、これは上の文字を2個並列させる意味を持つ踊り字（記号）の一種です。したがって旁は「刕」となるわけです。「𦝫」は「脇」の異体字と考えてよいでしょう。ただし、古文書には「脇」の異体字として現れる字体は主として「胑」と「胑」の二様が主流です。さて3字目の「ゟ」に移りましょう。算用数字の「5」に似ていますが、これは合字（合わせ字）といって、二つの仮名が合わさった文字で「より」と読みます。「脇ゟ《より》」で、「他から」という意味になります。

4字目は、3画目が省略された「忄《りっしんべん》」に、旁が「又」「土」で「怪」となります。次は頻出する重要な漢字で、「敷」と書いて「しく・しき」と読みます。これは形容詞連用形・連体形の活用語尾「しく・しき」の当て字です。本例の場合は連体形ですので「あやしき」となります。

6字目はこれまでに2度出てきましたが、「宀《うかんむり》」に「ふ」に似た「示」で「宗」です。次の文字は解説が必要でしょう。偏は省画の著しい「身」です。旁は「本」で、これはなどとくずされますが、この2番目に該当します。したがって「躰」という文字です。これは「体」の異体字で「たい」とも「てい」とも読みます。「宗躰」は「しゅうたい・しゅうてい」と読み、語義は『日本国語大辞典』（小学館）によりますと、「宗義を構成する主旨とその主旨の本質」とありますが、ここでは「宗旨」とか「宗門」という程度の意味と考えてよいと思います。は「之由《のよし》」と読みます。1字目から読み下しますと、「若脇《もしわき》より怪《あや》しき宗体《しゅうたい》のよし」となります。

10字目は「訴」の異体字「訢」です。旁の最後の点が省略されています。次は「人」ですので「訴人」となります。次の「御座《ござ》」はもう読めますね。最後は「候《そうろう》」に「八ヽ」が付いて「そうらわば」と読み、「〜

でしたら」と訳します。したがって「訴人御座《そにんござ》そうらわば」と読み下します。⑧行目全文の意味は「もしも他から怪しい宗門だと訴える人がいましたら」となります。

⑨

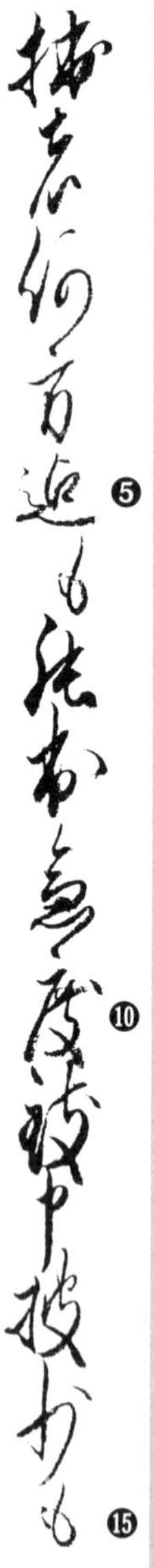

⑨行目冒頭は「扌《てへん》」に「出」で「拙」と読みます。「出」は・・・などいくつかのくずし方がありますが最低この4例は覚えてください。2字目は、④行目8字目の「者」と同字体です。「拙者《せっしゃ》」は「私」と同義ですが謙遜の意味を含んでいます。

3字目は、「亻《にんべん》」に「可」で「何」です。「可」は、おおむね・・の三様に書かれます。「何方」で「いずかた」と読み、「どなた・どこ・いずこ」の意味です。5字目の「辿」は「迄」の異体字です。

7字目は頻出文字です。これは「罷」と書いて「まかり」と読みます。上の点が「罒《あみがしら》」でが「能」のくずしです。「罷《まかり》」は接頭語的に用いられ、動詞の上に添えて謙譲・丁寧の意を表わしたり、動詞の意味を強調します。「罷在《まかりあり》」「罷越《まかりこし》」「罷居《まかりおり》」などと用いられます。8字目は、本行の1字目に出てきました「拙」の旁と同じですので「出」となり、「罷出《まかりいで》」で「参ります」の意となります。

次に熟語が来ていますが、これも頻出用語です。上の字は「急」。下部のが「心」の草体です。2字目は「广《まだれ》」に「攴」とかいて「度」と読みます。「急度」で「きっと」と読ませ、①必ず、②厳しく、③たしかに、相違なく、④すばやく、などさまざまな語義があります。また、表記の仕方も「吃度」「屹度」などがあります。11字目は、偏が2種類考えられます。一つは「金《かねへん》」でもう一つは「至」です。旁は「支《しにょう》」もしくは「攴《ぼくにょう》（攵）」です。これらを組み合わせますと、考えられる文字は「致《いたす》」となります。何を「致す」かと言うと以下に書かれていますが、「申抜《もうしひらき》」をするのです。⑨行目冒頭からここまでを読み下しますと、「拙者《せっしゃ》いず方《かた》までも罷《まか》り出《い》で、きっと申《もう》し抜《ひら》き致《いた》し」となり、その文意は、「私がどこまでも出ていって必ず申し抜きいたします」となります。

さて本行最後ですが「少も《すこしも》」と読みます。「少」は2画目が略され、3画目の点が最後に右肩に打たれるところに特徴があります。

⑩ 

さて、1字目は③行目半ばあたりで出てきました「其《その》」で、意味は「そちらの」です。「御村方《おんむらかた》」はもう読めますね。5字目も既出ですが、変体仮名で助詞の「え」で、字母は「江戸」の「江」です。7字目は「艹《くさかんむり》」に「古」で「苦」、次は「労」ですから「苦労」となります。は2字とも変体仮名で、「かけ」と読みますが、「か」の字母は「可」、「け」は「計」です。次の3文字は「申《もうす》間敷《まじく》」と読みます。「間敷」は「まじく・まじき」と読み、否定の推量を表わす助動詞「まじ」の連用形・連体形です。これは動詞の終止形に接続しますので、3文字で「もうすまじく（き）」と読みます。さて、14・15字目は「候間《そうろうあいだ》」と読み、「〜ですので」と現代語訳すると適切でしょう。ここで「間敷」の「間」と「候間」の「間」の「門《もんがまえ》」を比べてください。前者よりさらにくずされた字体が後者となります。すなわち、縦画がかなり短くなってしまって、冠の様になっています。この字体もよく見受けられます。⑨行目最後の「少」以下は「少《すこ》しもその御村方《おんむらかた》へ御苦労《ごくろう》かけ申《もう》すまじく候間《そうろうあいだ》」と読み下し、その文意は、「少しもそちらの村には御苦労（御迷惑）をかけませんので」となります。

文末の2文字を解説します。1字目は⑤行目末尾の「勿」に似ていますが、これは「向」です。2字目は「後」ですから、「向後」となります。「こうご」「きょうこう」「きょうご」などと読みますが、どれが正しいということはありません。意味は「今後・以後・このあと」などです。

⑪ 
⑤ ⑩ ⑮

1字目は頻出する字体の「御」、2字目は「支」の異体字「攴」、3字目は「酉」に「己」で「配」、3字で「御支配」と読みます。ここでは「そちらを管轄する役所」程度の意味でしょう。

4字目以下「宗門御改帳」はなんとか読めますね。は「阝《こざとへん》」と類似していますので注意してください。「宗門改帳」とは「宗旨人別帳」ともいい、もともとはキリシタン禁令により、キリシタン信徒を摘発するために作成された帳簿です。寺請制度と関連して成立したもので、各人の檀那寺を確認し、宗旨がキリシタンでないことを証明したものです。

さて、11字目は「書」と読みます。次のは、左下の部分が「呉」となっていますがこれは「異」の異体字ですので、「戴」の異体字「戴」と判断します。したがってこれは「載」の誤記だと考え、「書《か》き載《の》せ」と読めばよいのです。

さて、について説明します。1字目は片仮名の「マ」に似た「可《べし》」、次は「被《る》」と読みます。これもさまざまなくずし方があります。代表的な例をあげますと、など「衣」に似た「被」、平仮名「ら」もしくは片仮名の「ヒ」に似た「被」などがあります。「可」も「被」も下から上に返りますので「成《な》さるべく」と読みます。重要な語句ですので何度も口に出して暗唱してください。次のは「候《そうろう》」です。⑩行目末尾からは「向後《こうご》御支配《ごしはい》宗門《しゅうもん》御《お》改帳《あらためちょう》にお書《か》き載《の》せなさるべく候《そうろう》」と読み下します。その文意は、「今後はそちらの役所の宗門改め帳に名前を書き載せてください」となります。

最後の3文字を読みましょう。1字目は平仮名の「ゐ」の様に書かれています。他に・などのくずし方もある「為」という文字です。これも下から返って読みますが、読み方には「〜のため」「〜として」の2通りがあります。ここでは最初の読み方になります。何のためかというと、「後日のため」です。「後日の証拠のため」の意味です。「為二後日一」の「為＝ため」は頻繁に出ますので必ず覚えてください。他の表現としては、「為レ後《のちのため》」「為二後証一《ごしょうのため》」などがあります。

⑫ 

本文最後の行の冒頭は1行目の「一札《いっさつ》」と同じです。3字目以降は書止文言《かきとめもんごん》で「依《よ》って件《くだん》の如《ごと》し」と読み、「したがって上記の通りでございます」ほどの意味になります。

以下、日付・差出人・宛書の順に記されますが、とくに宛書の位置に注意してください。上位にたいする場合ほど高い位置に書かれます。

はじめはこの文書が発給された日付で、「天保《てんぽう》九年《くねん》戊《いぬの》三月《さんがつ》」とあります。天保九年は西暦でいうと一八三八年で、大塩平八郎の乱の翌年です。

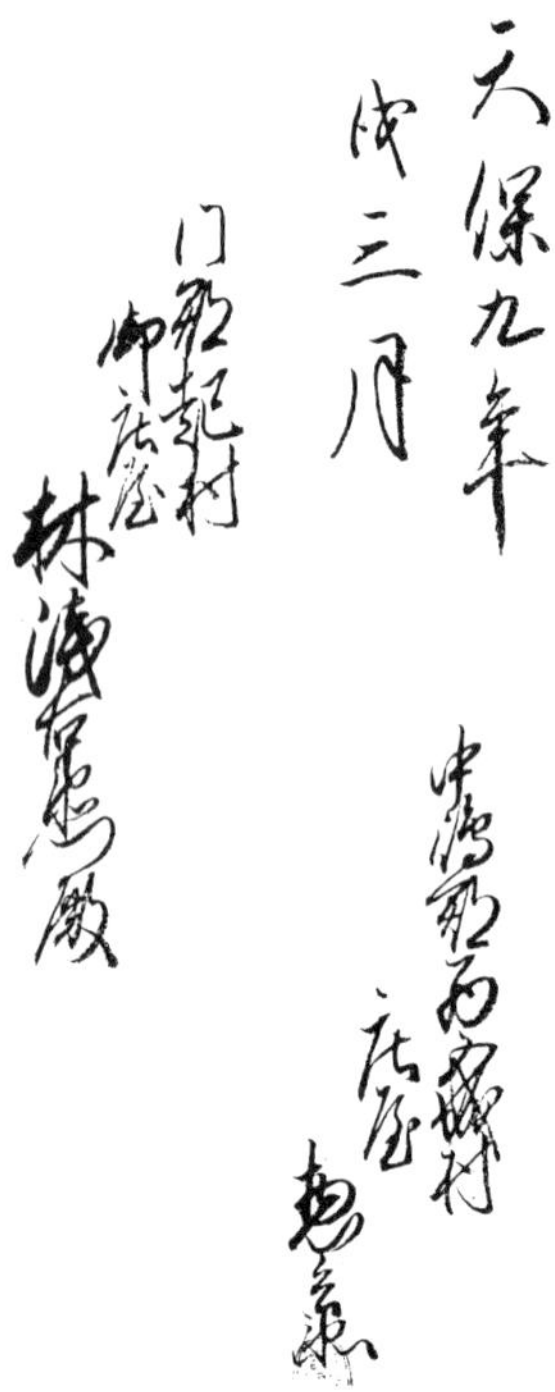

差出人の住所・役職・氏名は、「中嶋《なかじま》郡西五城村《ぐんにしいつしろむら》　庄屋《しょうや》　惣兵衛《そうべえ》㊞」とあります。このように「宗門送り手形」は村方の最高責任者である庄屋（名主）が発給することが一般的でした。人名のは「物」に下部が「心」です。また、「兵衛」のくずし例は124頁「人名一覧」を参照してください。

宛書は「同郡起村《どうぐんおこしむら》　御庄屋《おんしょうや》　林浅右衛門殿《はやしあさえもんどの》」とあります。相手の役職には「御」が付されている点に注意。起村は西五条村の北およそ数百メートルから1キロメートルの所で、ほぼその中間に信行寺が位置しています。また、林家は起宿の脇本陣でもありました。

全文解読

① 送り一札《おくりいっさつ》

中嶋郡西五城村《なかじまぐんにしいつしろむら》久左衛門《きゅうざえもん》 妹《いもうと》とみ当戌年三拾《とういぬのとしさんじゅう》
三歳《さんさい》ニ《に》相成申候処《あいなりもうしそうろうところ》、今般《こんぱん》其御村《そのおんむら》嘉右衛門《かえもん》方江《かたえ》
縁付参り申候《えんづきまいりもうしそうろう》、此者《このもの》宗旨《しゅうし》者《は》代々浄土真宗《だいだいじょうどしんしゅう》
ニ而同郡同村信行寺旦那《にてどうぐんどうそんしんぎょうじだんな》ニ紛無二御座候《にまぎれござなくそうろう》、勿《もち》
論《ろん》御制禁之切支丹宗門筋目之者ニ而者《ごせいきんのきりしたんしゅうもんすじめのものにては》
無レ之《これなく》、親類ニ到迄類門之者壱人茂《しんるいにいたるまでるいもんのものひとりも》無二御座一候《ござなくそうろう》、
若脇ゟ怪敷宗躰之由《もしわきよりあやしきしゅうたいのよし》、訴人御座候ハヽ《そにんござそうらわば》、
拙者何方迄《せっしゃいずかたまで》も罷出急度致二申披一《まかりいできっともうしひらきいたし》、少《すこし》も
其御村方江《そのおんむらかたえ》御苦労《ごくろう》かけ申間敷候間《もうすまじくそうろうあいだ》、向後《こうご》
御支配宗門御改帳《ごしはいしゅうもんおあらためちょう》ニ御書載《におかきのせ》(戴)可レ被レ成候《なさるべくそうろう》、為二後日一《ごじつのため》
一札仍而如レ件《いっさつよってくだんのごとし》

天保九年《てんぽうくねん》
戌三月《いぬのさんがつ》

中嶋郡西五城村《なかじまぐんにしごじょうむら》
庄屋《しょうや》 惣兵衛《そうべえ》㊞

同郡起村《どうぐんおこしむら》
御庄屋《おんしょうや》
林浅右衛門殿《はやしあさえもんどの》

■数字のくずし方

一・壱

二・弐

三・参

四

五

六

七

八

九

十・拾

廿（二十）

百

千

万・萬

壱張

弐疋

三拾本

四枚

五文

六両

拾七歩

八升

九畝

米廿八表（俵）

千百六拾四束

■十干十二支のくずし方

甲《きのえ》《コウ》

乙《きのと》《オツ》

丙《ひのえ》《ヘイ》

丁《ひのと》《テイ》

戊《つちのえ》《ボ》

己《つちのと》《キ》

庚《かのえ》《コウ》

辛《かのと》《シン》

壬《みずのえ》《ジン》

癸《みずのと》《キ》

子《ね》

丑《うし》

寅《とら》

卯《う》

辰《たつ》

巳《み》

午《うま》

未《ひつじ》

申《さる》

酉《とり》

戌《いぬ》

亥《い》

萬延元庚申年

慶安五年辰八月日

文化四卯年正月

元文二年巳四月

寶永三年戌正月

元禄四年未三月

天明六午年正月

第2章 相続——家督相続に付き一札「差出シ置申一札之事」安政六己未年三月

武家においても商家や農家においても家を代々相続するということは、もっとも重要なことの一つでした。相続は、いうまでもなく財産や身分などを受け継ぐことですが、武士と庶民とは内容も様式も違っていました。武士のおもな相続対象は俸禄で、これを「家督」といい、長男が家督と家名を単独で相続しました。土地の私有が原則として許されていなかったので、「俸禄」の相続と、「家名」の相続が制度化されていきました。武士の相続の原因は死亡と隠居があります。前者を「跡目（万石以上は遺領）相続」、後者を「家督相続」といいました。

庶民においては「家業」の相続が中心でした。商人の相続は営業に必要な「店」や商品・金銀などでした。また、「家名」に代わるものとして「屋号」がありました。農民は先祖伝来の農業が家業であり、田畑・屋敷などを相続しました。家業の相続は原則として長男の単独相続で、家相続人を「跡取」とか「世襲」などと呼びました。

史料は、武州入間郡赤尾村の「金右衛門」が長男「定右衛門」を亡くしたため、長男の子供「金太郎」を養子とし、これを被相続人とするため、親類や村のおもだった人たちと相談し、将来「金太郎」に家督を譲ることを取り決め、村役人に届け出たものです。

①
差上申一札之事

② 今右衛門悴定吉儀去ル巳年病死致女房ニ而茂

③ 幼児今五郎母子共縁兄藤吉方へ引取世話いたし置候

④ 処今般子細有之ニ而川越氏身元在内村利左衛門今五郎義者

⑤ 祖父今右衛門方へ引取右藤吉世話いたし生育いたし有中[illegible]ル

⑥ 之者右今五郎義者今右衛門家を相続いたし可申嫡としいたし置候処

⑦ 右付今家督相譲り可申旨今右衛門娘親類組合

⑧ 一同相談之上治定之義ニ付依之上者右今五郎成長

⑨ 之上者無相違今右衛門家相続為致可申依之為後々

⑩

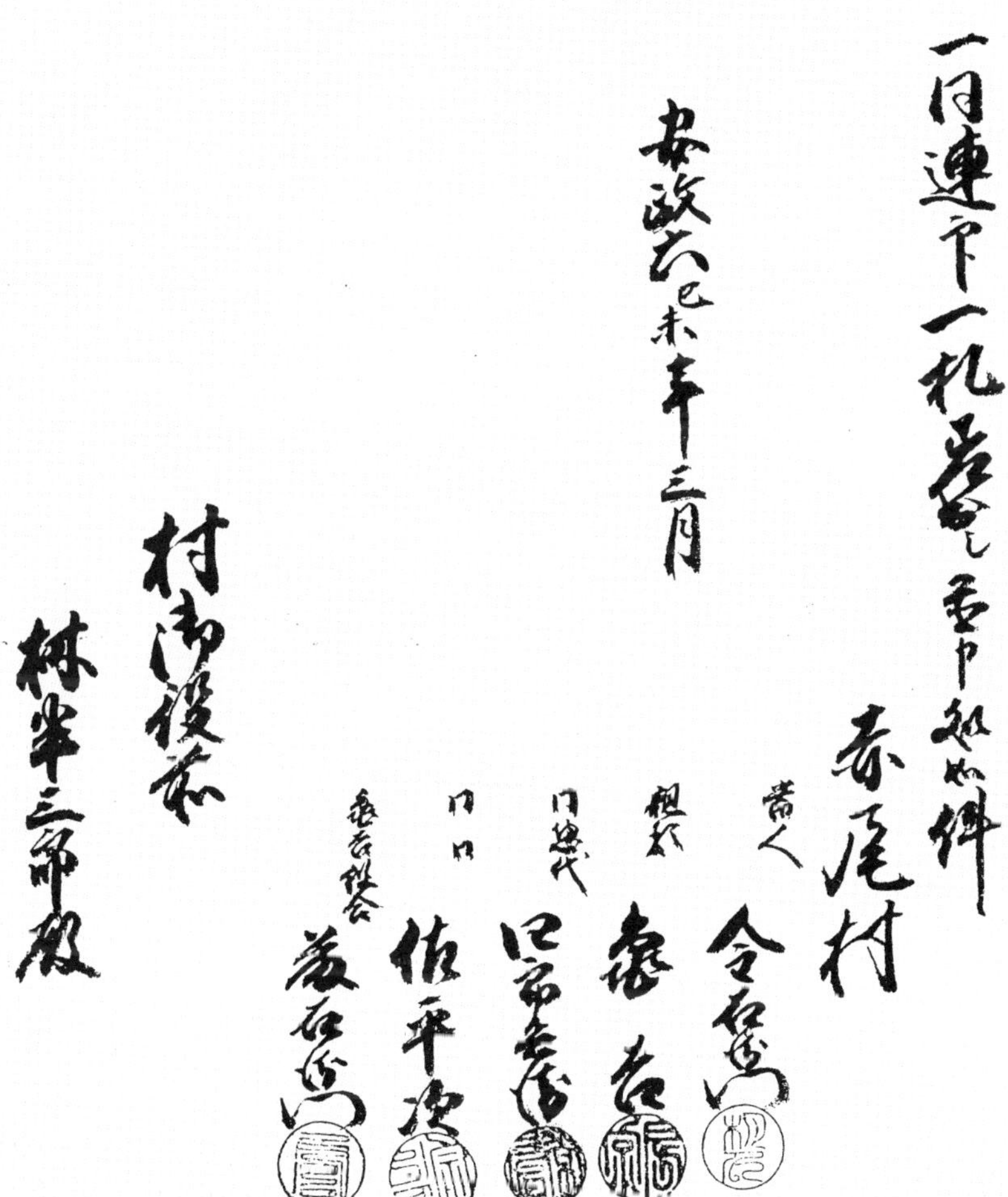
一同連印一札差上申処如件

安政六己未年三月

赤尾村

当人 今右衛門

[illegible]

[illegible]

佐平次

喜右衛門

村御役人衆

林半三郎殿

（埼玉県立文書館寄託・林家文書No３８２３）

①

表題（事書）から読んでいきます。字体としては個性的ですが、さほど難しい部類に入るくずし字ではないので、どなたも容易に読めるでしょう。

はじめは「**差**《さし》**出**《だ》**シ**《し》**置申**《おきもうす》」です。1字目の「**差**」は典型的なくずしですが、というくずし方もあります。「**曽**」に似ていて、判読しにくいくずしですが2字目で判断する手もあります。「**置**」は上部が「罒《あみがしら》」で下が「**直**」です。「**一札**《いっさつ》」は一通の書付・証書をいいます。「**之事**《のこと》」は問題ないでしょう。「**一通証文を差し出します**」ということです。

②

1字目**令**は「令」にも似ていますが、その下が「**右衛門**《えもん》」ですから、人名としてみると「**金右衛門**《きんえもん》」が適当と思われます。「**金**」は一般に「人《ひとがしら》」に「**主**・」と書きます。この後も「**金**」は何度か出てきますので読み間違えないように注意してください。ちなみに「**金**」には・という字体もあります。5字目は「忄《りっしんべん》」に「**九**」＋《プラス》「**十**」で「**悴**《せがれ》」です。「**卆**」は「**砕**」などの旁ですが、本来は「**卒**」と書かれますので、「**悴**」の旧（正）字は「**悴**」、「**砕**」の旧（正）字は「**碎**」となります。「**せがれ**」の名前は「**定右衛門**《さだえもん》」です。次は「**義**」で「**～は**」の意です。本来は「**儀**」を用います。

ます。

11・12字目は「去々」と書いて「さるさる」もしくは「きょきょ」とも読み、一昨年のことです。金右衛門の息子の定右衛門が、おととしの「巳年《みのとし》正月」に「死去」したということです。その後、定右衛門の「女房てつ幷《ならびに》」と続きます。なお変体仮名「てつ」の字母はそれぞれ「天」「川」です。

③

冒頭は偏が「幺」で旁が「刀」です。合成しますと「幼」となり、これは「幼」の異体字ですから、冒頭の2字は「幼児《ようじ》」と読みます。その子の名前は「金太郎」といいます。金右衛門にとっては孫にあたります。「母子共ニ《ぼしともに》」「縁兄」つまり親戚（義理？）の兄の「亀吉方《かめきちかた》へ引取《ひきとり》世話《せわ》いたし置候《おきそうろう》」とありますから、亀吉が金太郎を引き取って世話をしてきたようです。21字目は「た」で字母は「多」です。

④

1字目は「処《ところ》」で前行から文章が続いていて、「世話をしていたところ」となります。3字目の「舟《ふねへん》」は第2画目の縦画が省略されるところに特徴があります。5字目の「糸《いとへん》」は典型的なくずし方です。「子細」は「事情」ほどの意味でしょう。は下から「有レ之《これあり》」と読みます。12字目は「身」ですが2画目の縦画、4・5画目の横画も省略されている独特な字体です。「身上《しんしょう》」「身代《しんだい》」

「好身《よしみ》」などの熟語があります。また、という字体もあります。19字目「返」は第2画目の「ノ」が「辶《しんにょう》」を下に突き抜けるところが特徴的です。17字目の「へ」、20字目の「シ」を読み落とさないように注意してください。2字目から読み下しますと「今般子細《こんぱんしさい》これ有《あ》り、てつ義《ぎ》は身元《みもと》吉田村《よしだむら》へ相返《あいかえ》し」となります。文末は「金太郎義者《は》」と書かれています。

⑤

はじめは「ネ《しめすへん》」に「且」で「祖」です。「祖父」の「金右衛門方へ」引き取り、「厚」く「世話」を「いたし」育てることにしたようです。15字目の変体仮名「た」は「こ」と読み違えることがありますので要注意。24字目は「⺮《たけかんむり》」に「舌」で「筈《はず》」で、将来そうするという予定や約束をさします。

したがって、②行目からの文意を整理して通してみましょう。「金右衛門のせがれ定右衛門がおととし巳年の正月に死亡し、その後女房のてつと幼な子の金太郎の親子を親戚の亀吉の家に引き取ってもらっていましたところ、今度訳あっててつを生家の吉田村に返し、幼児の金太郎は祖父の金右衛門が引き取って世話をし育てよう」ということです。最後は「然ル《しかる》」と読みますが、次行の「上者《は》」に続きます。

⑥

「然ル上《しかるうえ》者《は》」は「その上は、そこで、ですので」などと訳すとよいでしょう。「金太郎」は「金右衛門家」

にとりまして「嫡々《ちゃくちゃく》のもの」つまり嫡流の者だから、と「金太郎」を「金右衛門」の跡継ぎにする理由を述べています。13字目の「家」ですが「宀《うかんむり》」の筆順に注意してください。はじめに「冖」を書いて上の点から下部の「豕」に続きます。「守」「宅」「官」なども同様です。14字目の「二」は汚れのようにも見えますが助詞の「二」ですから、読み落とさないでください。17字目以下は「候而者」と書いて、「そうろうては」と読みますが、「そうらわでは」という読み方もあります。

⑦

はじめの3文字は「無二計考《けいこうなく》一」と読みます。「計考」とは「はかり考えること」ですから、ここは「おもんぱかることなく」ほどの意味と考えます。次はこの文書のテーマですが、「家督相譲リ可レ申旨《かとくあいゆずりもうすべきむね》」とあります。金右衛門が孫の金太郎に家督を譲るという件について、という意味です。そのため、「金右衛門始メ親類・組合」と、家督を譲るために承諾を必要とする人たちを列挙しています。

⑧

前行「金右衛門」から続いていますが、親類・組合「一同《いちどう》へ」「御談ニ付《ごだんにつき》」つまり相談して、「御尤与《ごもっともと》」賛意を得て全員が「承知《しょうち》」してくださいましたので、ということです。2字目は「门」と書かれていますが、内側の「口」が省略されています。4字目の偏は「言《ごんべん》」です。旁の上部が「火」、

下部が繰り返しの「⺀」ですから「炎」となるわけです。したがって「談」で、相談するということでしょう。13字目は「承」の異体字「兼」です。訓読みでは「うけたまわる」と読みます。19字目は「ノ」から入り「一」「口」と書く「右」です。1章でも説明しましたが「右」と「左」の違いは、「右」は「ノ」から、「左」は「一」から入りますが例外もたくさんあります。以下は「金太郎成長《きんたろうせいちょう》」と続きます。

⑨

はじめの3文字は「之上者《のうえは》」。次は慣用句です。「無《なし》」は返読文字ですから「相違無《そういな》く」と読みます。「違」は異体字の「违」が使用されています。「金太郎が成長したら間違いなく」といって本題に入ります。「金右衛門《きんえもん》家《け》相続《そうぞく》為レ致《いたさせ》可レ申《もうすべく》候《そうろう》」、つまり孫の金太郎に「金右衛門」の「家」を「相続」させます、といっています。なお「続」は旧(正)字の「續」です。また「為《せ》」は返読文字で使役の助動詞です。

⑤行目下段「然ル」からここまでの文意を考えてみましょう。「**その上は、右の金太郎は金右衛門家にとりましては、跡を継ぐ者だから当然家督を譲るということを、金右衛門はじめ親類・組合の人たちで相談し、それぞれごもっともと承諾してくれましたので、右の金太郎が成長したときは間違いなく金右衛門家の家督を相続させます**」となります。

さて、⑧行目と⑨行目の間に印鑑が押してありますが、これは、2枚以上の紙を継ぎ合わせた場合に改竄などを防ぐためその境に印鑑を押します。この様式を「継紙《つぎがみ》」といい、捺された印鑑を「継目《つぎめ》印《いん》」といいます。

19字目からは書止文言《かきとめもんごん》です。「依レ之《これにより》」と下から返って読みます。「為ニ後日ニ《ごじつのため》」も同様に「後日」を先に読み上に返って「〜のため」と読みます。

⑩

冒頭「一同《いちどう》」とは「金右衛門」はじめ差出人の欄に署名・捺印している人たちをさします。4字目は「印」と読みます。独特な字体ですのでぜひ覚えてください。「連印」は複数の人が承認の意で署名・捺印することです。「一札差出シ置申《いっさつさしだしおきもうす》」までは表題と同様の表現です。最後が書止の決まり文句の「如レ件《くだんのごとし》」です。

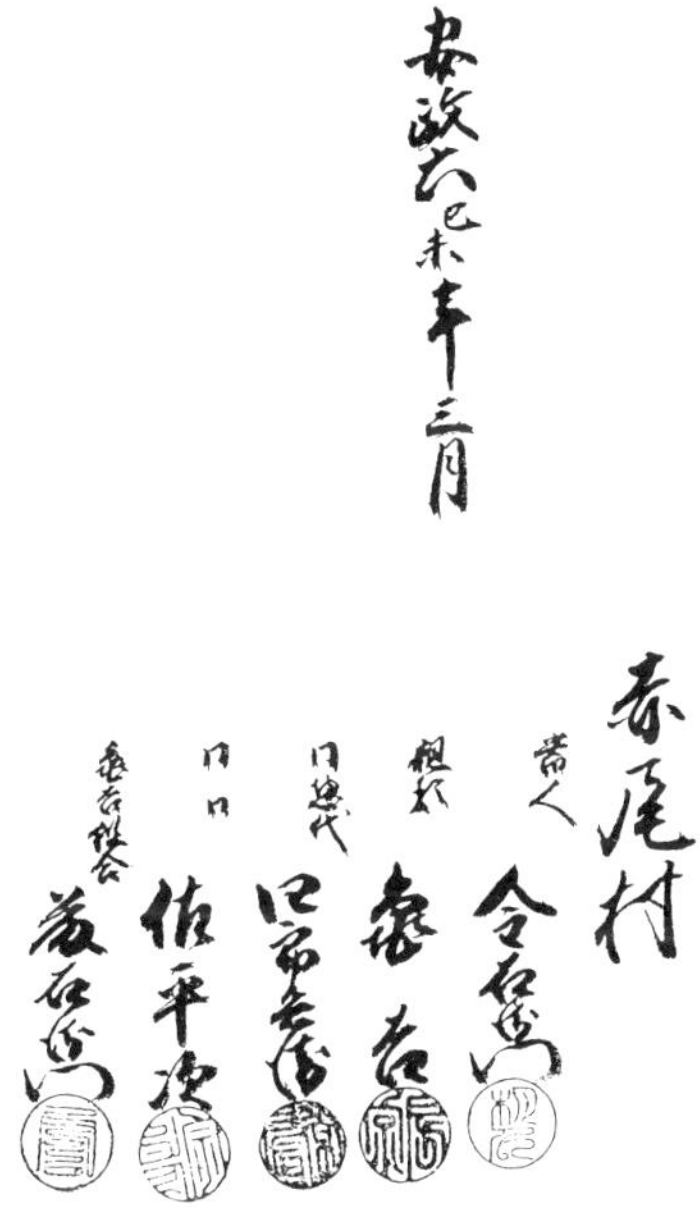

以下、日付・差出人・宛書をざっと読んでおきます。日付は「安政《あんせい》六己未年《つちのとひつじのとし》三月《さんがつ》」です。西暦ですと一八五六年ですから、まさに風雲急を告げる幕末ということになります。

差出人の住所は「赤尾村」とだけあります。一般的には「何国何郡何村」と書かれます。さて、「赤尾村」は「武州入間郡赤尾村」で、現在の坂戸市北部に位置します。連名の肩書きと名前を読んでいきましょ

う。「当人　金右衛門」「親類　亀吉」「同惣代　四郎兵衛」「同同　佐平次」「亀吉組合　藤右衛門」となっています。宛先は「村御役前　林半三郎殿」とあります。「役前」は「担当する役職」の意ですが、「林半三郎」は名主ですので、ここでは「村役人」の意と解してよいでしょう。名主の林家は代々惣代名主を勤める家柄で、豪農としても広く知られていました。半三郎は世襲名で、このときは十三代目。国学者としても知られる林信海《のぶみ》です。農民身分であるにもかかわらず「林」と苗字を記しているのは、信海の代に越辺川《おっぺがわ》の治水功績により苗字帯刀が許されたからです。一般庶民ももちろん苗字は持っていましたが、公的な書類などには記すことは身分上できませんでした。

全文解読

① 差出《さしだ》シ置《おき》申《もうす》一札之事《いっさつのこと》

② 金右衛門《きんえもん》倅《せがれ》定右衛門《さだえもん》義《ぎ》、去々巳年《さるさるみのとし》正月《しょうがつ》死去《しきょ》後《ご》、女房《にょうぼう》てつ幷《ならびに》

③ 幼児《ようじ》金太郎《きんたろう》母子《ぼし》共ニ《ともに》縁兄《えんけい》亀吉《かめきち》方《かた》へ引取《ひきとり》世話《せわ》いたし置《おき》候《そうろう》

④ 処《ところ》、今般《こんぱん》子細《しさい》有レ之《これあり》、てつ義《ぎ》者《は》身元《みもと》吉田村《よしだむら》へ相返《あいかえ》シ《し》、金太郎《きんたろう》義《ぎ》者《は》

⑤ 祖父《そふ》金右衛門《きんえもん》方《かた》へ引取《ひきとり》、厚《あつく》世話《せわ》いたし生育《せいいく》いたし可レ申筈《もうすべきはず》、然《しか》ル

⑥ 上者《うえは》右金太郎《みぎきんたろう》義者《ぎは》金右衛門《きんえもん》家《け》ニとり候而者《そうろうては》、嫡々之《ちゃくちゃくの》もの故《ゆえ》

⑦ 無二計考一《けいこうなく》家督相譲《かとくあいゆず》り可レ申旨《もうすべきむね》、金右衛門《きんえもん》始《はじ》メ親類組合《しんるいくみあい》

⑧ 一同《いちどう》へ御談《ごだん》ニ付《つき》、銘々御尤与承知仕候上者《めいめいごもっともとしょうちつかまつりそうろううえは》、右金太郎成長《みぎきんたろうせいちょう》

⑨ 之上者《のうえは》無二相違一《そういなく》金右衛門家《きんえもんけ》相続為レ致可レ申候《そうぞくいたさせもうすべくそうろう》、依レ之為二後日一《これによりごじつのため》

⑩ 一同連印一札差出《いちどうれんいんいっさつさしだ》シ置申処如レ件《おきもうすところくだんのごとし》

安政《あんせい》六己未年三月《つちのとひつじのとしさんがつ》

赤尾村《あかおむら》

当人《とうにん》　金右衛門《きんえもん》㊞

親類《しんるい》　亀吉《かめきち》㊞

同惣代《どうそうだい》　四郎兵衛《しろべえ》㊞

同《どう》　同《どう》　佐平次《さへいじ》㊞

亀吉組合《かめきちくみあい》　藤右衛門《とうえもん》㊞

村御役前《むらおんやくまえ》

林半三郎殿《はやしはんざぶろうどの》

■度量衡・貨幣一覧

●**金貨**
１両《りょう》＝４分《ぶ》(＝永《えい》１貫文《かんもん》)
１分《ぶ》＝４朱《しゅ》(＝永250文《もん》)
１朱(＝永62文５分《ぶ》)

●**銀貨**
１貫目《かんめ》＝1000匁《もんめ》
１匁＝10分《ふん》
１分＝10厘《りん》
１厘＝10毛《もう》

●**銭貨**
１貫文《かんもん》＝1000文《もん》
10文(＝１疋《ひき》)

●**三貨換算率**(公定)
慶長９年(1604)
金１両＝銀約43匁＝永楽通宝1000文
＊永楽通宝１文＝その他の銭４文
慶長14年(1609)
金１両＝銀50匁＝銭4000文
元禄13年(1700)
金１両＝銀60匁＝銭4000文
天保13年(1842)
金１両＝銀60匁＝銭6500文
明治２年(1869)
金１両＝銭10000文

●**度**(長さ・里程)
１丈《じょう》＝10尺《しゃく》　※曲尺《かねじゃく》１尺＝30.303㎝
１尺＝10寸《すん》　※鯨尺《くじらじゃく》１尺＝37.9㎝
１寸＝10分《ぶ》
１分＝10厘《りん》
１里《り》＝36町《ちょう》　(＝3927.2688m)
１町＝60間《けん》　(＝109.0908m)
１間＝曲尺６尺(＝1.818m)

●**量**(容積)
１石《こく》＝10斗《と》　※寛文９年(1669)以降
１斗＝10升《しょう》　１升＝1.80391ℓ
１升＝10合《ごう》
１合＝10勺《しゃく》
１勺＝10才《さい》
１才＝10弗《ふつ》

●**衡**(斤両銖及び重さ)
１斤《きん》＝16両《りょう》(＝160匁)　※明治８年(1875)以降
１両＝４分《ぶ》　１銖＝1.6g
１分＝６銖《しゅ》
１貫《かん》＝1000匁《もんめ》　(＝3.75kg)
１匁＝10分《ぶ》
１分＝10厘《りん》

●**面積**(広さ)
１町《ちょう》＝10反《たん》(段)　※１歩＝3.3058㎡
(１ha)　１反＝10畝《せ》　(＝１坪)
(10a)　１畝＝30歩《ぶ》(分)

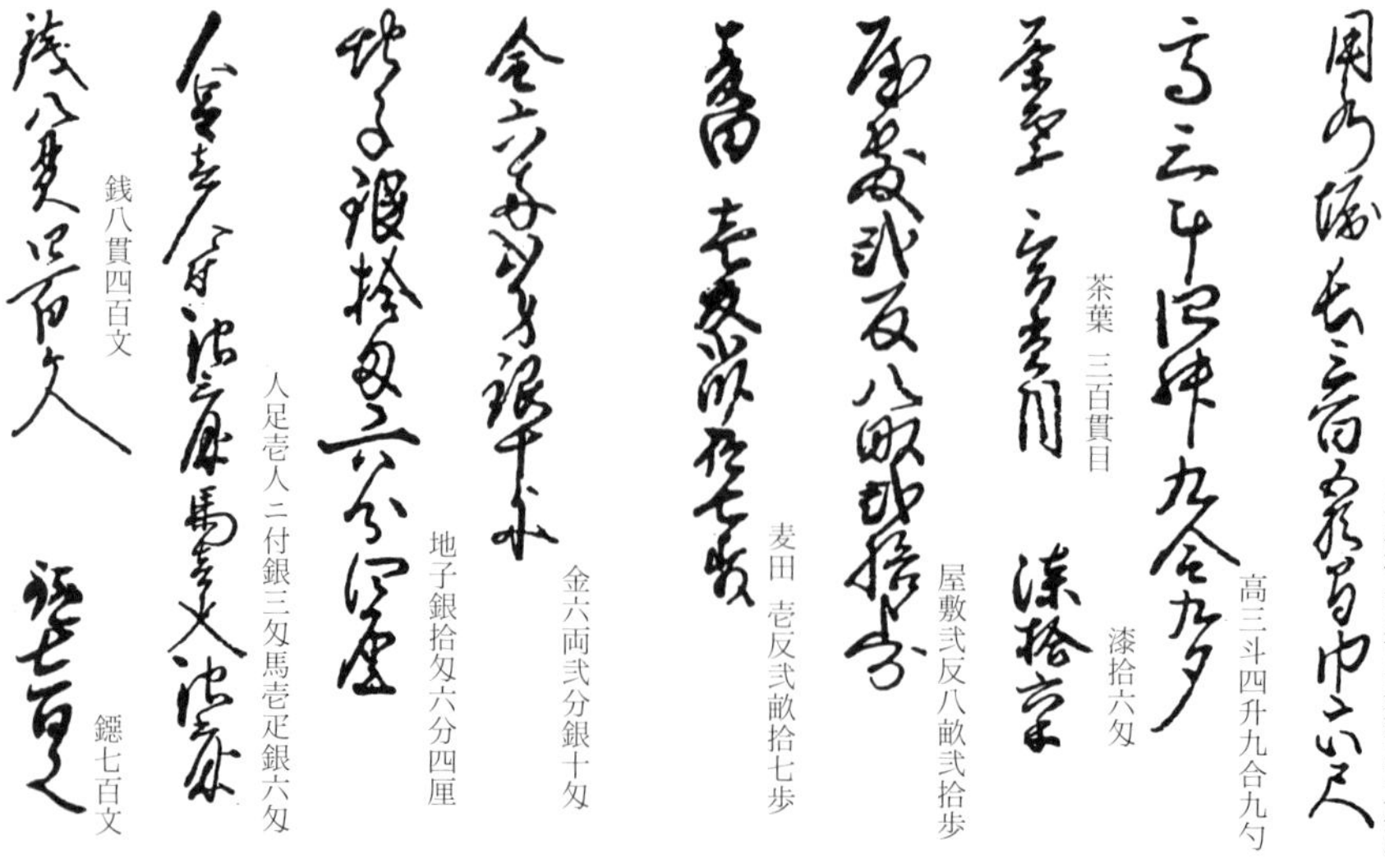

用水堀長三百五拾間巾六尺
高三斗四升九合九勺
茶葉　三百貫目
漆拾六匁
屋敷弐反八畝弐拾歩
麦田　壱反弐畝拾七歩
金六両弐分銀十匁
地子銀拾匁六分四厘
人足壱人ニ付銀三匁馬壱疋銀六匁
銭八貫四百文
鐚七百文

第3章　奉公

奉公人請状「御奉公人請状之事」文久三亥正月

　武家や商家あるいは農家において、そこで働く下人や下女など主家（主人）にたいし労働力を提供する人を「奉公人《ほうこうにん》」といいます。奉公人はおもに百姓や町人など身分の低い人で、一定の間主家に住み込み給金をもらって家業や家事労働に従事しました。内容はさまざまでしたが、一般的に請状という契約書を作成します。これを「奉公人請状」または「奉公人手形」といい、奉公人の身元保証人である請人（受人とも書き、口入人・加判人・証人ともいい、連帯保証人として人主をたてました）から雇い主に宛てて差し出されました。契約の内容は、奉公期間（これを年季といいます）、奉公の交替期間である出替り日、給金の額、あるいは支給される衣服などについても記されました。また、本人の宗旨や奉公義務のほかに、契約に違反した場合、たとえば逃亡・欠落《かけおち》したり持ち逃げした場合には全責任を請人が負う旨が記載されました。

　さて、本資料を見ますと、奉公先は東海道（駿河国）原宿の本陣渡辺家、奉公人は増川村（現在の富士市東部）藤七の娘たけ、一年間の契約（これを一季奉公といいます）で雇用されています。給金は一両二分で衣服を支給される条件がかわされ、請人側は本人が主家の決まりを守り一所懸命働くことを約束しています。また、契約に違反したり病気になったときは、請人が代人を立て、給金を弁済することが記載されています。

⑧ ⑦ ⑥ ⑤ ④ ③ ② ①

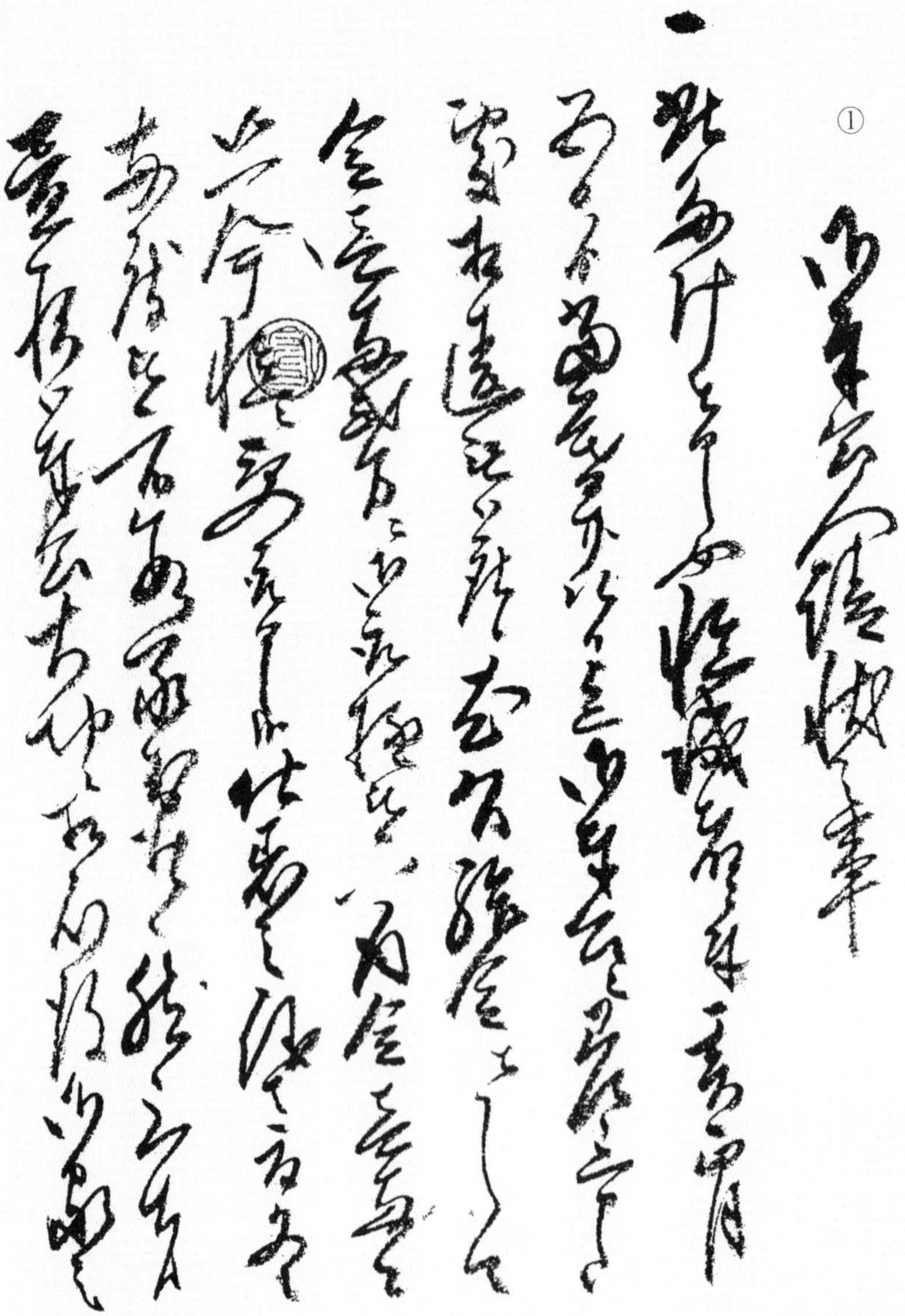

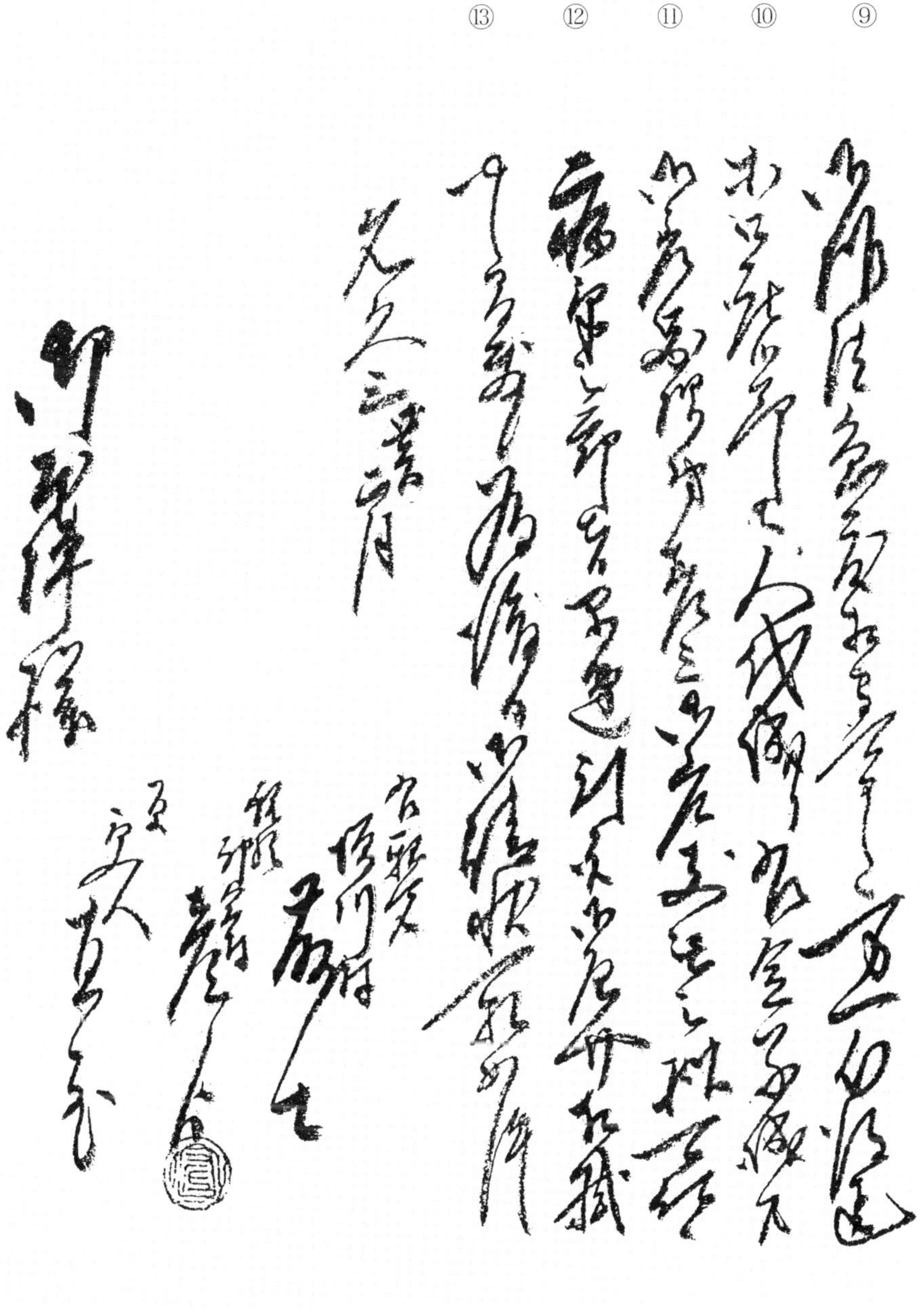

（沼津市明治史料館所蔵・原渡辺本陣文書）

①

①行目の表題から読んでいきましょう。1字目は「御」です。第1章で「御」の多様なくずし方を示しましたが、ここでもう一度確認して下さい（23頁参照）。2字目は読みづらいのですが、一般的にはまたはと書かれます。違いは、下部の縦画と交差する横画の数が1本か2本かということです。類似したくずし字には「東」や「車」があります。ちなみに「奉」に「辶《しんにょう》」が付くと「達」となります。3字目は「ハ」に「ム」で「公」です。次は「人」ですので、頭から「御奉公人」と読みます。5字目は「氵《さんずい》」にも見えますが「言《ごんべん》」で、旁は「清」「精」などと同じ「青」です。上部は筆の流れを追えば理解できると思います。下部の「月」は片仮名の「マ」のように書かれます。次のの偏は典型的な「丬《しょうへん》」で、旁は「犬」ですから「状」となります。「請状《うけじょう》」とは、請人の署名と印鑑が押された証文のことです。7字目は助詞の「之《の》」。くずし方には次のようなものがあります。

最後の「事」は筆順を追えば理解できると思います。

②

②行目は1字高いところから始まっています。「一《ひとつ》」と書かれていますが。これを一つ書きといいます。「一つ何々」と箇条に分ける場合にこのように書きます。さて、2字目から本文が始まります。最初から難読かつ重要な文字です。旁は「ヒ」のようです。これは指示代名詞の「此」で、「この・これ・ここ」などと読みます。くずし方には、・・・・・などがあります。また、同義で「是」「之」「斯」があります。次のは変体仮名の「た」で、字母は「多」です。次のも変体仮名で「け」。字母は「計」。「たけ」は女性の名前です。「と」は読めますね。6字目は「丸に縦棒」で「申」。縦俸の右上に点が打たれるくずし方や半円に縦棒もあります。7字目は「女」です。「め」のように書かれることもありますが「如」と混同しないようにしましょう。ここまでは、「このたけと申《もう》す女《おんな》《むすめ》」と読みます。どんな女かといいますと、ということです。この3文字を解読しましょう。

1字目はどうも「忄《りっしんべん》」のようです。ところが旁が全く不明瞭です。先に2字目を読んでみましょう。1画目が縦棒に書かれていますが、それを隠すと「成」と読めませんか。さらに3字目の文字は筆順を追うと「耂《おいがしら》」に「日」のようですので「者」です。つまり「〜なるもの」となります。1字目に戻りましょう。これは慣用語句として覚えていないとまず解読不能でしょう。実は「忄《りっしんべん》」に「造」と書かれています。旁の上部が「告」で下部のが「辶《しんにょう》」です。つまり「慥」という漢字で「たしか」と読みます。「確」と同義に用いられます。しばしば異体字の慥()が書かれることもありますので、ぜひ覚えておいてください。「慥《たし》かなる者《もの》」つまり「身元のしっかりした人」という意味になります。その下の小さな「ニ」を読み落とさないように注意してください。は「付《つき》」です。左上が「亻《にんべん》」で旁が「寸」です。「に・つき」をセットにして覚えてください。ここまでの文意は、「一つ、このたけという女は身元の確かな者なので」となります。さて、13字目ですがこれは干支《えと》です。36頁の一覧でもう一度確認して下さい。これは「亥《い》」です。14行目の日付でもう一度出てきます。最後の2文字を一度に読んでしまいましょう。年賀状でおなじみの「正月」です。

③

冒頭は数字の「五」。楷書とは筆順が違いますが、字体の様子・雰囲気は残っているようです。次は「日」ですが、このようにたんに丸に書かれるのが一般的です。3字目は合字の「ゟ=より」です。特徴がありますのでぜひ覚えてください。4字目は最重要くずし字の一つです。・・なども書かれる「当」です。正字体は「當」。意味としては「この・今の」などで、たとえば「当年《とうねん》」は「この年」つまり「ことし」となりますし、「当時」は「今の時」つまり「現在」の意味になります。資料に戻ります。「当」の下ですが、行頭が「(正月)五日から」ですからこの後には「今年のいつまで」と暦にかかわる言葉が来そうです。では、は何と読むのでしょう。これは、上・中・下に3分割して考えます。は「艹《くさかんむり》」の典型的なくずし方です。楷書体と違って先に2本の縦画を書きます。中央の「戈」に似た字は皆目見当が付きませんが、一番下は2字目と同じ「日」です。この「艹＋□＋日」と暦関連をヒントに脳みそをフル回転してください。「暮」が思いついたら正解です。一年の終り、ここでは十二月をさします。

次は日付です。日付を判読するときには文字数から判断します。「日」の前が1字でしたら、当然「一」から「十」までと「廿《にじゅう》」「卅《さんじゅう》」が考えられます。同様に2字なら十台もしくは「廿」を用いた二十台という事になるのです。さて、資料を見ますと2文字で、上は「横1本に縦2本」脇に点が打たれていますが、明らかに「廿」です。次はちょっと癖があるのですが「八」と解しました。「四・」とも読めそうですが判然としません。ここでは「八」としておきます。

さて、9字目ですが、平仮名の「ら」に「辶《しんにょう》」のように書かれています。難読ですが、3字目に「〜より」とありましたから、ここで「〜まで」と来ることが予測できます。したがって、これは「迄《まで》」もしくはその異体字の「迠」と読めばよいのです。10字目から3文字は表題と同じ「御奉公」です。「公」が若干趣を異にしています。右下の小字は「ニ」。14字目は重要かつ頻出する文字です。名詞や動詞に付いて語義を強めたり語調を整える働きを持つ接頭語です。これには、「差《さし》」「指《さし》」「押《おし》」「打《うち》」「相《あい》」などがあります。ここでは1番目の「差」が用いられていますが「さし」と読みます。くずしの特徴は上部の「己」が「羊」、左下に長く伸びた「ノ」（ここに特徴があります）の右側に「工」が来ます。上部が2点に書かれる字体（）も頻出します。また、という字体も時々身受けます。いくつか用例を挙げておきますからぜひ覚えてください。

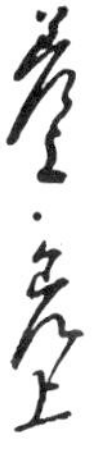
差上

差加

差出

差構《かまい》

差出

次の「上」は筆順に注意してください。最初に右上の横画を書き、次に縦画を斜めに書いてから最後に長い横画を書くのが一般的ですが、縦画から書く場合もあります。最後から2字目は「丸に縦棒」で「申《もうす》」です。「申」は他の動詞について謙譲の意を表わす言葉で、ここでは「差し上げます」の「ます」にあたります。一番下は点になった「候《そうろう》」で、「差《さ》し上《あ》げ申《もう》し候《そうろう》」と読みます。

④ 

さて、④行目ははじめから超難読文字です。これは「処」の正（旧）字体である「處」です。と言っても理解できない方も多いかと思います。上下に分割して説明しましょう。上部の「虍《とらがしら》」のくずし方を示しますと、おおむね・と書かれます。この第1画目が左の方に移動した形といえます。それでは下半分はどうなっているのか。これは説明不可能です。「処」の正字体「處」には・・・などがある、と覚えるしかありません。ちなみに、これらのくずしは「處」の異体字「虜」の草体が用いられているとも考えられています。さて、ここで前行最後の「候」に「處」が付いて「～したところ」と接続詞的に用いられていることに注目してください。実は「処・處」は「候処・候處」で用いられることが非常に多いので「候処《そうろうところ》」という語句をぜひ覚えてください。

2字目は頻出文字ですが「扌《てへん》に片仮名のマ」のように書く「相」。次は「麦」に「辶《しんにょう》」で「違」の異体字「逺」。次のは打消し・否定を表わす形容詞の「無《なし》」で、下から返って読みます。受身・尊敬の助動詞「被《る・らる》」に字体が似ていますので注意してください。次のは「御座《ござ》」です。「坐」の部分が一般的には「生」になる場合が多いのですが、ここではたんに「土」になっています。上に打消しの「無《なし》」がありましたから「ござなく」と下から読みます。その下の点が「候」です。「相」以下「相違《そうい》ござなく候《そうろう》」と読みます。②行目13字目「亥」以下の文意は、「亥年である今年の正月五日から今年の十二月二十八日までご奉公に差し上げますことに相違ありません」となります。

8字目は2画目の「ノ」が途中で止まって3画目に移るところに特徴があるのですが、「尤《もっとも》」と読みます。次のは筆順を追って見ましょう。まず「ノ」、次に「一」、下に移って「口」。これは「右」の典型的な筆順です。よく「左」との違いを表現する時に「右」は「ノ」から、「左」は「一」からと言いますが、まさにこのことです。ただし、これはあくまで目安ですので、前後関係や用語から判断したほうが良いと思います。とくに人名では「右衛門」の「右」を「ノ」から書く例は少ないようです。

10・11字目は重要な用語です。の「糸《いとへん》」は必ず覚えておかなくてはいけません。他に・・・などともくずされます。旁ですが「」が「𠆢《ひとがしら》」、が「口」ですので「給」となります。これは訓読で「たまう」とか「たべる」とも読み、などとかなりくずされることもあります。さて、次のは「𠆢《ひとがしら》」に「王」のようですから「全」。しかし「給全」では言葉になりません。ここで「全」に似た字で「金」を思いついていただきたい。「給金」ならば用語としても適当ですし、奉公の話ですから当然給料の話が出てきてもおかしくありません。このように古文書を読むときは、目先のくずし字ばかりに気をとられずに、いつも全体の意味を考えながら読むことが肝要です。

最後の3文字を読みましょう。右に小さく「と」、縦に長い「し」、最後は「て」で「として」となります。すべて変体仮名(平仮名)ですが、ちなみに字母を確認しておきましょう。上から順に「止」「之」「天」となります。したがって「尤《もっと》も右給金《みぎきゅうきん》として」と読み下します。

⑤

さて、⑤行目1字目は前行に出てきました「金」です。「金」と来たら「両」「分《ぶ》」「朱」という金銭の単位を思い出してください。ちなみに、1両は4分、1分が4朱です。したがって2字目以下は具体的に金額が書かれています。始めに、「壱」は筆順を追えば判読できるでしょう。「両」は左側の縦画（第2画目）が省略されていますが、典型的なくずし方です。「南」も3画目の縦画がしばしば略されます。次に、「式」のように読める文字は「弐」です。非常に似ていますので注意が必要です。は、上部が「八」、下部が「刀」で「分」です。「分」はとも書かれます。次の右下の小字は助詞の「二」です。7字目の「御」はもう読めますね。問題は次のです。難読文字の一つです。しかし頻出しますので必ず覚えてください。このような文字は、楷書体の痕跡がほとんどありませんので、字体というよりグラフィック（図柄）として覚えた方が早いかもしれません。いくつかくずし例を挙げましょう。・・・などが基本形です。これは3行目にも出てきましたが、接頭語として用いられる「取」です（取扱《あつかい》・取替・取鎮・取計）。しばしば左側の点が省略される（）こともあります。9字目は「木《きへん》」（扌《てへん》に見えたら木《きへん》も疑え）に「丞」に似た字で「極」です。あの駐車場で見かける看板の「月極《つきぎめ》」の「極《きめ》」です。したがって、2文字で「取極《とりきめ》」となります。

10字目は33頁にも出て来ましたが、下から返って読む（返読文字）助動詞「被《る・らる》」です。「被レ成《なされ》」「被レ申《もうされ》」「被レ仰《おおせられ》」「被レ下《くだされ》」などと用います。次のは手強いくずしです。三つの点が三角状に打たれています。これは覚えるより方法がありません。ほとんどの場合・と書かれる「下」です。ここでは「くだす」と読み、上に返って「くだされ」となります。したがって「金《きん》壱両《いちりょう》弐《に》分《ぶ》に御《お》取《と》り極《き》めくだされ」と読み下します。

さて、12字目ですが筆の入り具合に違和感がありますが、「内」でしょう。次は4行目でも出てきましたが「金」と読みます。その下が「壱両」ですから、「給金」の「壱両弐分」のうち「内金」として「壱両を」どうかしたとなるわけです。最末尾のは難読です。「者《は》」と解しましたが、「也《なり》」とも読めそうです。「金《きん》いくら」と来ますと「〜なり」でしめますから、「也」でしょうか。

⑥

冒頭は「口」に「ハ」で「只」、次は「今」ですので「只今《ただいま》」となります。3字目は既出ですが、「忄《りっしんべん》」に「造」で「慥《たしか》」です。ここでは右下に小さく「二」とありますから「たしかに」と読みます。なお、ここに印鑑が押してありますが、金銭にかかわることや重要事項が書かれるときなどには、その語句の右側に印が押されます。また、これを原稿用紙に筆記するときには漢字の右側行間に㊞と書いておきます。5字目は頻出文字です。楷書体の雰囲気が残っていることと、下部の「の」に似た「又」とから「受」と判読します。次は⑤行目8字目で説明しましたが「取」です。7字目は「丸に縦棒」で「申」。その下は「候」ですから、1字目以下は「ただ今《いま》たしかに受《う》け取《と》り申《もう》し候《そうろう》」と読み下します。④行目半ば「尤」以下の文意は、「**ただし右の給金として金一両二分と決めてくだされ、内金一両をただいま確かに受け取りました**」となります。

9字目以下を読んでいきましょう。は「亻」に「士」で「仕」、は3行目14字目の「差」に類似していますが「着」と読みます。よく「差」と読み間違えますので注意してください。ちなみに「着」は・・などとくずされます。「仕着」は「四季施」とも書き「しきせ」と読んで、主人から季節ごとに提供される衣服をさします。その下は助詞の「の」です。字母は「之」ですが、平仮名「し」の字母と同じです。次は最重要くずし字の一つ「儀」です。頻出するだけにその字体もいろいろあります。いくつか典型的なものを掲出します。

「～のこと」「～の件」「～は」などと現代語訳されますが、「義・・・・」が代用されることもあります。は変体仮名の「は」です。字母は「者」です。「者《は》」は・・・・などと書かれますが、本資料の場合は最もくずされた字体といえます。14字目は「度」に類似していますが、「夏」と読みます。「度」は右肩に点が打たれることが一般的です。また、楷書体とかなり字体が違いますが、ぜひ記憶してください。末尾の文字はこれで1字です。「夂」に「⺀」で「冬」となります。「仕着《しきせ》の儀《ぎ》は夏冬《なつふゆ》」と読み下し、次行へ続きます。

⑦

1字目は⑤行目で出てきました。2画目の縦画が省略される「両」です。2字目は「广《まだれ》」に「支」と書いて「度」。「両度」は「二度」の意味です。3字目も既出で、受身・尊敬の助動詞「被《る・らる》」。次は3点に書く「下《くだす》」ですが、下の2点が繋がっていますので判読しづらいかもしれません。⑤行目と

同様に「下《くだ》され」と読みます。その下は「候」です。さて、6字目ですがこれは超難読文字です。「安」を字母漢字とします平仮名の「あ」に似ていますが、類似した文字に「暇」や「晦」の旁があります。他には「数」なども似ています。本資料の「あ」に似たくずし字は「段」と読みます。「候」に付いて「候段《そうろうだん》」で「～したことについて」「～した場合は」などの意味となります。「段」のくずし方には・・・などがあります。

次のは頻出する熟語です。1字目は「了」に「八」で「承」と読みます。中央縦画に交差する3本の横画が省略されるところにこの文字の特徴があります。2字目は平仮名の「ち」に似ています。「ち」の字母漢字が「知」であることから2文字で「承知《しょうち》」と読みますと意味が通るようです。ちなみに、類似文字には「刻」「到」などがあります。9字目の偏は「亻《にんべん》」です。旁は筆順を追うと「士」となります。したがって「仕《つかまつり》」となり、これは「～する」の意の基本動詞です。必ず読めるようにしてください。くずし方には・・・などがあります。その下の点は「候《そうろう》」です。したがって「両度《りょうど》くだされ候段《そうろうだん》、承知《しょうち》仕《つかまつ》り候《そうろう》」と読み下します。⑥行目中央の「仕着《しきせ》」以下は、「仕着せ(衣服)の件は夏冬の二回支給されることを了承しました」という意味になります。

最後の3文字を説明しましょう。この語句の前で文章が切れていますから、これは接続詞と考えられます。1字目は偏の部分が「夕」、旁の上部は「犬」、その下のが「灬《れんが》」ですから「然」で「しかり・しかる」と読みます。次は筆順が楷書と違いますが「上」。最後は助詞で変体仮名の「者《は》」。すなわち3文字で「然《しか》る上は」となります。「そういうことですから」とか「そうであるからには」「このうえは」「それでは」などと現代語訳すると適当かと思います。

⑧

1字目は上下に分割して考えます。下の方に注目しますと、は「日」に「一」で「旦」となります。下半分が「旦」となる漢字を考えてください。の筆順を追って「尺」であることに気付きますと「昼」という文字にたどりつきます。さて、2字目は「扌《てへん》」に「久」もしくは「夂」と書かれているようです。実はこの偏の部分には二つの部首が隠れています。すなわち「亠《なべぶた》」と「亻《にんべん》」です。つまりこのくずしは「昼」の反意語で「夜」です。次のは「御」の最も省画されたくずし方です。「奉公」は3度目ですからもう読めるでしょう。6字目は「大」。次は「土《つちへん》」に「力」ですが、「力」と「刀」はしばしば混用されて書かれますから、このことから「切」と読めば、「大切」という熟語になります。右下の小字は「二」です。は接頭語の「相《あい》」です。これは「木《きへん》」ですが、見た目通り「扌《てへん》に片仮名のマ」と覚えるのも一つのテクニックです。は「心」。は「彳《ぎょうにんべん》」に「る」に似た「㝵」で「得」と読みます。「心得《こころえ》」は頻出する語彙ですので、くずし方とともに必ず覚えてください。ここまでを読み下しますと「昼夜御奉公大切《ちゅうやごほうこうたいせつ》に相心得《あいこころえ》」となります。

13字目は「家」と読みます。「宀《うかんむり》」を含め、筆順に注意してください。先に「冖《わかんむり》」を書いてから「宀《うかんむり》」の点から「豕」の中央縦画「亅」を通し、最後に「豕」を「⺢」と省画して書きます。ぜひ記憶しておいてください。「御家《おいえ》」は、奉公先、すなわち宛書にある「御本陣様《ごほんじんさま》」をさします。最後は助詞の「之《の》」です。

⑨

1字目は「御」です。2字目は「亻《にんべん》」に「乍」で「作」となります。次は「氵《さんずい》」の最も省画された字体です。旁は「去」と書かれています。したがって「法」となります。「作法《さほう》」はなどともくずされ、奉公先の家のしきたりをさします。次のは「急度」と書いて「きっと」と読みます。「必ず・相違なく」の意味です。6字目は、「扌《てへん》」に片仮名の「マ」で接頭語の「相《あい》」。は「家」と同様に「冖《わかんむり》」から書き始めていますが「宀《うかんむり》」です。下部は「寸」で「守」となります。類似文字には「寺」「専」などがあります。8字目の「マ」のように書かれたくずし字は助動詞の「可《べし》」です。次が「申」ですので、下から「申すべく」と読みます。その下の点は「候」で、前行の「御家」から読み下しますと「**御家《おいえ》の御作法《ごさほう》急度《きつと》相守《あいまも》り申《もう》すべく候《そうろう》**」となります。⑦行目「然」以下の文意は次のようになります。「**このうえは、昼も夜も奉公を第一に考えて、お家のしきたりをしっかり守ります**」となります。

11・12字目の「万一」は読めるでしょう。「万々一」という言い方もあります。次の「心得」は既出です。行末のは「麦」に「辶《しんにょう》」で「違」の異体字「遠」。「心得違《こころえちがい》」は考え違い、道理に反する行いをいいます。

⑩

1字目は片仮名の「ホ」のように書かれていますが、これは最も頻出する異体字の一つで「等」の異体字「才」です。次の「御座候《ござそうろう》」はもう読めるでしょう。5字目は一般に・と書かれますが、「節《せつ》」と読みます。たいていの場合「竹《たけかんむり》」を省画して書きますので「郎」に似た文字になります。「候節者《そうろうせつは》」で「～したときは」という意味です。6字目は変体仮名で助詞の「者《は》」です。次の「人代」は読めますね。「ひとかわり」と読んで「代りの人」をいいます。は2行目で出てきましたが、「成」で、右下の小字は送り仮名の「り」です。は既出です。「ノ」「一」「口」で「右」となります。「金子」は読めるでしょう。「きんす」と読んで「金貨・金銭・貨幣」のことです。最後のは難読文字ですが、「共《とも・ども》」と読み、名詞に付いて複数を表したり（役人共・百姓共）、「～であろうとも」のように接続助詞のようにも用います。くずし方をいくつか上げますと、

などがあります。前行「万一」からは「万一《まんいち》心得違《こころえちが》いなどござ候《そうろう》節《せつ》は人代《ひとかわ》りなり、右金子《みぎきんす》なるとも」と読み下します。

⑪

1字目は「御」。次は3行目で説明しました「差」です。3字目は難読ですね。まず注目する点は左右に打たれた点です。これは「囗《くにがまえ》」の書き方の一つで、大変特徴がありますので、ぜひここで覚え

てください。国・固・圓（円）・團（団）なども同様です。中央のは「図」の正（旧）字体「圖」の中央部分のくずしです。4字目は「冫《にすい》」に「欠」で「次」。次は「第」の異体字で「才」です。これは「弟」の異体字でもあります。5文字で「御差図次第《おさしずしだい》」となります。6字日も「差」、は「三」のように書かれていますが「上」で「差図があり次第差し上げます」という意味です。

9字目の「差」は上部の「⺷」がかなり省画されています。は「支」の異体字「攴」。2文字で「差《さ》し支《つか》え」と読み、支障をきたすことです。次は形容詞「無《なし》」。は「之」で「これ」と読みます。「これなく」と下から返って読み、その上に書かれたことを打ち消しますから、「差し支えありません」という意味になります。次が「様《よう》」ですから「御差《おさ》し支《つか》えこれなきよつ」と読み下します。

「様」は重要な頻出文字で、宛名などの敬称としても用いられますが、相手の身分によりくずし方が違います。また、本資料のように「～のよう」などと、ありさまやことがら、状態を漠然といったりするときに頻繁に用いますので、そのくずし方もさまざまな字体があります（118頁参照）。

行末のは「マ」のように書かれる「可《べし》」、「亻《にんべん》」に「士」で「仕《つかまつる》」、最後は点の「候《そうろう》」で、「仕《つかまつ》るべく候《そうろう》」と読みます。9行目「万一」からの文意は、「もし間違った行いをしましたときには代りの人を立てるなり、右のお金なり、ご指示通り差し出し、支障がないようにします」となります。

⑫

1字目は「病」、次は上部のが「气」で、下部のが「米」と考えますと「気」の正字（旧字）「氣」

となります。4字目は10行目でも出てきましたが「郎」に似た「節」です。は助詞で変体仮名の「者《は》」。「節者《せつは》」で「〜のときは」と訳します。6字目は、第1画目の縦画が略された「早」です。下部の「十」の筆順が楷書体と逆になりますので注意してください。次は「速」です。「束」の部分が若干読みづらいのですが、「辶《しんにょう》」であることから類推して「早速《さっそく》」で間違いないでしょう。

8字目は「弓《ゆみへん》」に縦画1本で「引」、次は「取」ですから「引取《ひきとり》」となります。は「厂」に「㔾」で「厄」です。次は「廿」にも似ていますが、「𠆢《ひとがしら》」に縦画2本で「介」と読みます。「𠆢」が左右長く、かつ平たく書かれるところが特徴的です。「厄介《やっかい》」は「迷惑・世話・面倒」などの意味です。次の「扌《てへん》に片仮名のマ」は接頭語「相《あい》」。最後は「扌《てへん》」に「圭」で「掛」です。「圭」の横画が1本足りず、また「去」にも似ていますので、その点に注意して判読してください。また。旁の「卜」のくずし字体も覚えておいてください。

⑬

❺ ❿

冒頭のは「丸に縦棒」で「申」ですが、左側のハネがこの文字を読みづらくしています。「申」の第1画の縦画でしょうか、このようにハネから入る例は非常に珍しいかと思います。次のは「**間敷**《まじく》」と読み、打消しの助動詞「**まじ**」の連用形です。⑫行目始めから読み下しますと「**病気**《びょうき》**之節**《のせつ》**は早速引き取**《さっそくひと》**り、御厄介相掛**《ごやっかいあいか》**け申**《もう》**すまじく候**《そうろう》」となり、その文意は、「**病気のときはすぐに本人を引き取ってあなたにご迷惑をかけません**」となります。

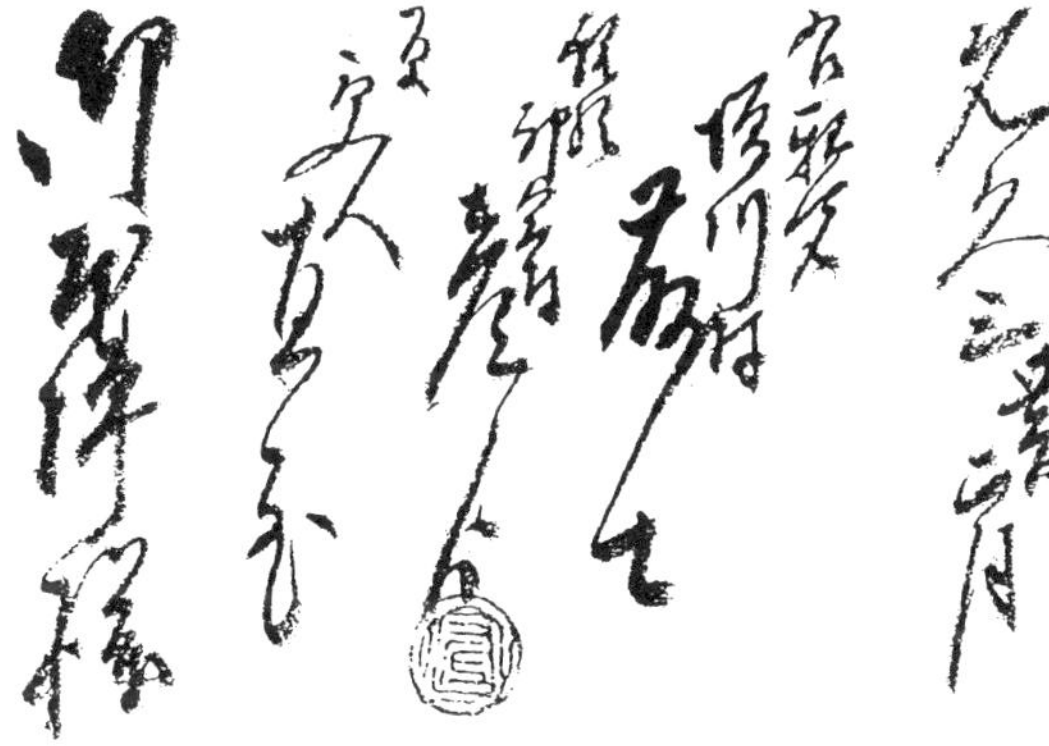

5字目以下は書止《かきとめ》部分の慣用句で、ぜひ暗記してください。は下から返って読むのですが「後日《ごじつ》の為《ため》」、8字目はおなじみの「御」、次は「亻《にんべん》」にもみえますが、じつは「言《ごんべん》」で、旁は「青」の草体ですから「請《うけ》」と読みます。10字目「状」は読めますね。その下は「一札《いっさつ》」です。最後の2文字は平仮名の「め」の様に書かれる「如《ごとし》」、次は「件《くだん》」、「如レ件」で「くだんのごとし」と読みます。「前記の記載通りです」ほどの意味です。すなわち「為」以下は、「後日の証拠として請状を一札差し出し、以上のとおりです」という意味になります。

日付は、「文久三亥正月《ぶんきゅうさんいのしょうがつ》」で、西暦で言いますと一八六三年ですから、明治維新の5年前です。

差出人は、本人の親、親類、そしてこの奉公人の世話をした「受人」（身元保証人のこと）が連署しています。「右親父　増川村　藤七・親類　神谷村　彦右衛門㊞・原　受人　直蔵」と書かれています。くずし字体として注意して欲しいのは、は合字の「《より》」に似ていますが「右衛門」と読みます。「(右)衛」は本当に数多くのくずし方・省略がありますので、明らかに名前の部分で最後に「門」のくずし字があれば「(右)衛門」と読んでしまうようにしましょう。は「蔵」ですが、走り書きですので慣れないと読めないかも知れません。縦に長くくずしてある点も違和感があると思いますが、よく出てくる形ですので、ちょ

っと頭の中へ入れておきましょう。

宛書は「**御本陣様**《ごほんじんさま》」ですが、これは東海道原宿の本陣です。「**本陣**」というのは、江戸時代、宿駅で参勤交代の大名のほか、宮家・公卿・幕府役人などの貴人の休泊する大旅館をいいます。さて、ここでは「本」の字体に注意してください。「本」は・・などとくずされます。また、「**陣**」はしばしば「陳」と書かれることもあります。

全文解読

①　御奉公人請状《ごほうこうにんうけじょう》之事《のこと》
②　一《ひとつ》、此《この》たけと申《もうす》女《おんな》《むすめ》慥成者《たしかなるもの》ニ付《につき》、亥正月《いのしょうがつ》
③　五日《いつか》ゟ当暮《よりとうくれ》　廿八《にじゅうはち》(四カ)日迄《にちまで》御奉公《ごほうこう》ニ《に》差上申候《さしあげもうしそうろう》
④　処《ところ》相違無二御座一候《そういござなくそうろう》、尤《もっとも》右給金《みぎきゅうきん》として
⑤　金壱両《きんいちりょう》弐分《にぶ》ニ《に》御取極《おとりきめ》被レ下《くだされ》、内金壱両《うちきんいちりょう》者《は》
⑥　只今慥ニ受取《ただいまたしかにうけとり》申候《もうしそうろう》、仕着《しきせ》之儀《のぎ》者《は》夏冬《なつふゆ》
⑦　両度《りょうど》被レ下候段《くだされそうろうだん》承知《しょうち》仕候《つかまつりそうろう》、然上《しかるうえ》者《は》
⑧　昼夜《ちゅうや》御奉公大切《ごほうこうたいせつ》ニ《に》相心得《あいこころえ》、御家之《おいえの》

⑨ 御作法《ごさほう》急度《きっと》相守《あいまもり》可レ申候《もうすべくそうろう》、万一《まんいち》心得違《こころえちがい》

⑩ 等《など》御座候《ござそうろう》節《せつ》者《は》人代《ひとかわり》成《な》り、右《みぎ》金子《きんす》成共《なりとも》

⑪ 御差図《おさしず》次第《しだい》差上《さしあげ》御差支《おさしつかえ》無レ之《これなき》様《よう》可レ仕候《つかまつるべくそうろう》、

⑫ 病気《びょうき》之《の》節《せつ》者《は》早速《さっそく》引取《ひきとり》御厄介《ごやっかい》相掛《あいかけ》

⑬ 申間敷候《もうすまじくそうろう》、為二後日一《ごじつのため》御請状《おうけじょう》一札《いっさつ》如レ件《くだんのごとし》

文久三亥正月《ぶんきゅうさんいのしょうがつ》

右親父《みぎおやじ》
増川村《ますかわむら》　藤《とう》　七《しち》

親類《しんるい》　神谷村《かみやむら》　彦右衛門《ひこえもん》㊞

原《はら》　受人《うけにん》
直《なお》　蔵《ぞう》

御本陣様《ごほんじんさま》

■返読文字①

【不】ず・ざる

不二相成一　不レ致　不二隠置一　不レ被レ下　不二相替一　不二差出一　不二差出一向も　不レ存　不レ可レ仕　不二相願一

不レ残　不レ申候　不二申入一候　不レ及レ申　不レ及二申上一　不レ得レ止　不レ宜　不レ寄　不レ忘　不二相渡一候

【可】べし

可レ被レ下候　可レ被レ下レ之旨　可レ仕候　可レ仕候　可レ仕候　可レ被二仰付一　可二相成一　可レ被レ成候　可レ被レ成　可レ致　可レ為レ致レ之

可レ申　可レ申候　可二申上一候　可二申付一　可レ被二申付一　可二申合一　可レ出事　可二差出一事　可レ被レ行候　可レ有レ之　可レ被レ遊　可レ為二相勤一

【被】る・らる

被レ下　被二下置一　可レ被レ下候　被二仰付一　被レ為二仰付一　被二仰渡一　被二仰聞一　被レ成　被二成下一　被二成下置一　被二召出一

被レ為レ召　被二指出一候　被二差登一　被二申上一候　被二申聞一　被二申付一候　被レ遊　被レ遊被レ下候　被レ致　被レ為二聞召訳一　被レ奉レ存候　被レ遣候

【為】

［す・さす］　為レ致　為二植付一　為レ認　為二取替一　為二相除一

［…たる］　可レ為二曲事一　可レ為二無用一

［…ため］　為二後日一　為レ其　為レ其

為二療治一

［…として］　為二替地一　為二御給金一　為二心得一　為二質物一　為二御救一　為二馳走一　為二御飛脚一　為二菩提一　為二見舞一

第4章　質地——質地証文「質地ニ相渡シ申畑山之事」明和八年卯ノ三月

金銭貸借のさいに担保として入れた田畑・屋敷地などを「質地《しっち》」といいます。その借金をするときに質入主から質取主に差し出した証文がここで紹介する「質地証文」です。

幕府は寛永二十（一六四三）年に田畑永代売買禁止令を出し、田畑の永代売りを禁じました。これは寛永の飢饉で一般の農民が没落したり、また一部農民の手に土地が集積されることを防ぐ目的で発せられたのですが、現実には年貢納入に窮した農民は田畑を売らざるをえなかったため、表向き質入れという手段で金銭を借用しました。しかし年季が満ちても借りた元利が返済できなかった場合は、質流れとなって担保に入れた田畑の所持権を移すということが広く行われたのです。所持している田畑を合法的に売却するには質流れという方法をとらなくてはならなかったわけです。

質地証文に記される事項は地域によって若干違いがありますが、質入地の字名《あざ》、品位の等級、面積、年限、借用する金額、年貢などの負担義務、質流れの規定、契約年月日、質取・質入双方の名前、保証人、村役人名などです。

取り上げました質地証文は、上野国邑楽郡《こうずけのくにおうらぐん》光善寺村、現在は群馬県邑楽町の一地区ですが、ここで暮らす文左衛門が自分の所持する「砂畑山」八畝を同村の彦七に七両で質入れしたさいの資料です。質地証文の記載事項のすべてが書かれてはいませんが、比較的読みやすい字体ですので質入条件など内容を一つ一つ把握しながら読んでみてください。

① 質地ニ相渡シ申御山之事

② 一 御山八畝下　場所南沢前

③ 此代金七両也　但シ文金也

④ 右者当卯ノ年貢未進ニ相詰り申ニ付

⑤ 右之御質地ニ相渡シ代金七両

⑥ 慥ニ借用申所実正ニ御座候　但シ

⑦ 年季之儀ハ卯ゟ三ケ年分申ノ三月迄

⑧ 中年季ニ而本年季ニ相定申候處

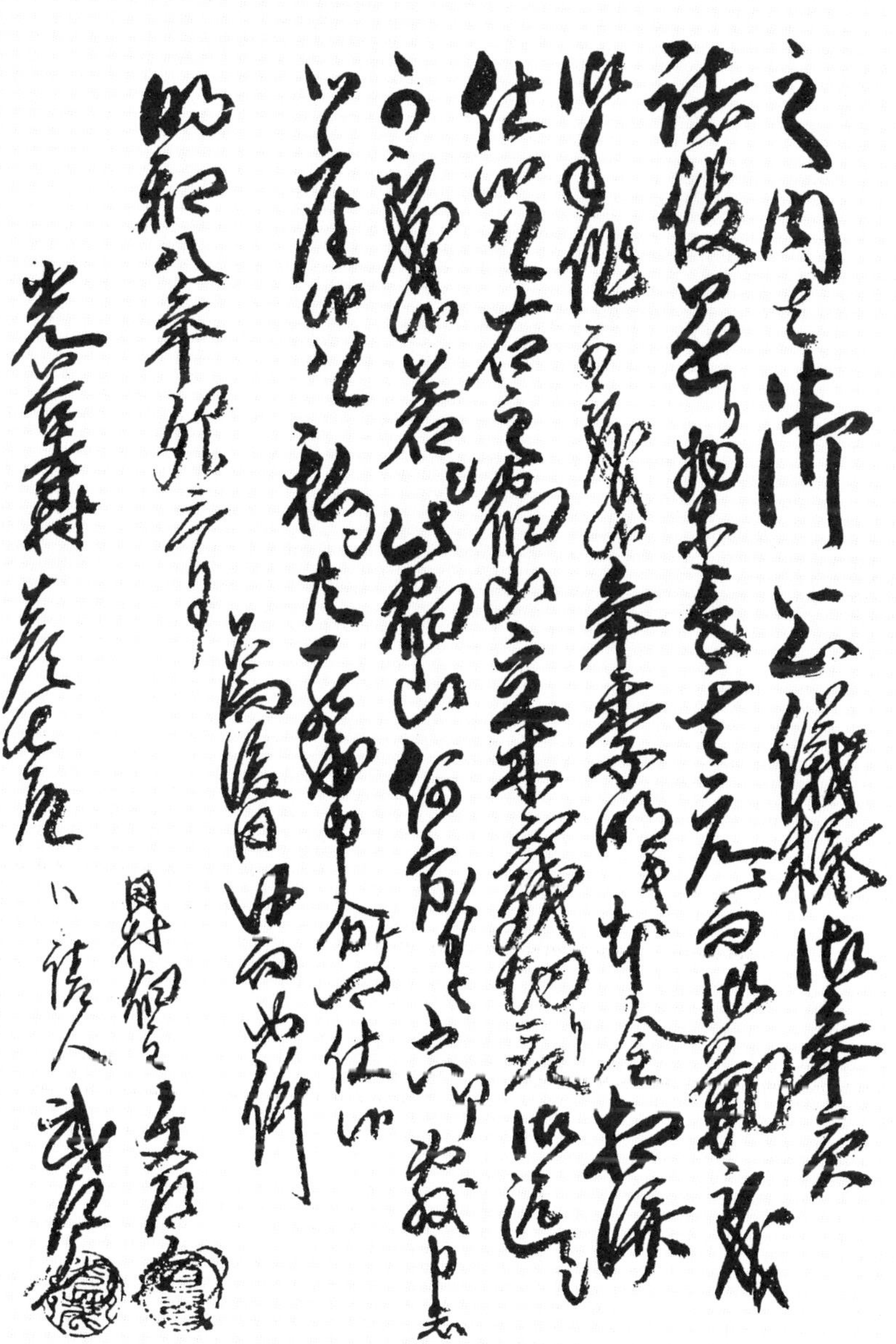

（群馬県邑楽町教育委員会提供・神谷宗四郎家文書）

①

全体にしっかり書き込まれていて比較的読みやすい史料です。では、表題から読んでいきましょう。まずはじめは「質屋」の「質」、右上を「ケ」のように書くところにこのくずしの特徴があります。次は「地」、右下に小さく「二」と書かれています。「質地」とは田畑などを質に入れることです。以下は「相渡《あいわたし》シ申《もうす》」とあります。年貢や諸役が払えなくなった農民が自分の耕作していた田畑を質に入れることをいいます。何を質に入れるかというと「畑山《はたやま》」を質に入れるといっています。10字目は助詞の「之《の》」です。最後は「事」と書かれています。「之事《のこと》」がくっついて書かれていますが、表題を事書《ことがき》ともいいますので、ここは躊躇せず「のこと」と読みきってください。難しいくずしはありません。5字目は「氵《さんずい》」に「度」のくずしで「渡」です。「畑」は「火《ひへん》」が旁の「田」に押されるように左側にかたよるのもよく出る形です。現代語訳しますと「質地として渡します畑山のこと」となります。

②

冒頭は一《ひと》つ書《が》きになっています。ここには質に入れる土地が具体的に書かれています。それは「砂畑山《すなはたやま》」だというのです。文字どおり砂地の畑山なのでしょう。この面積は「八畝歩《はちせぶ》」です。一畝は一段の十分の一で三十歩の広さです。現在でいうと約〇・九九二アールです。したがって「八畝」

は八アール（八〇〇平方メートル）弱となります。「畝」は偏が「田」で旁が「ヌ」もしくは「人」の様に書かれていますが、これは「畂」という異体字です。7字目は「歩」の異体字ですが、「八畝」丁度のときはその下にすぐに「歩」を持ってきます。「ト」は「歩《ぶ》」、あるいは長さの単位や金銭の単位の「分《ぶ》」の異体字でもあります。一般的にはと書かれます。

下段には土地の所在地が記されています。は「扌《てへん》」になっていますが「土《つちへん》」の書き誤りです。その下は「所」の異体字で、2文字で「場所」と読みます。場所は「屋敷前《やしきまえ》」です。

③

③行目には、前行の砂畑山を質入れする金額が記されています。1字目は「此《この》」のくずしで頻出する文字です。「代金《だいきん》」は読めますね。代金は「七両」です。「金」は「𠆢《ひとがしら》」に「主」と書きます。「金」と「七」の右側に印鑑を捺して金額に間違いないという確認をしています。「両」のくずしは多くの場合この字体ですので、目に焼きつけておいてください。2画目の左側の縦画が省略されます。6字目は「者」と書かれていますが、「てえり」と読みます。

下段にはこの金貨の種類を限定する文言が記されています。「但シ文金也《ただしぶんきんなり》」とあります。「文金」とは「文字金《ぶんじきん》」ともいい、「文」の字が刻印されている金貨のことで、「元文金銀」と「文政金銀」があり、前者は元文元（一七三六）年に幕府が通用金銀の不足を補うために改鋳した金銀で「古文字金銀」とか、楷書体で刻されているところから「真文字金銀」とも呼ばれています。後者は、文政元（一八一八）年以降に改鋳されたもので草書体で「文」と刻されているため「草文字金銀」とか「新文字金銀」といいます。この資料の場合は作成されたのが明和八（一七七一）年ですから当然「元文金」だったわけです。さて、最後のは「也《なり》」です。平仮名の「や」の字母ですのでこのようにくずされます。金銭に関わる文言の後に「金何両也」などと「也」を付すことが慣例でした。ここで②③行目の文意をまとめますと「**一つ、**（質入れする土地は）**屋敷前の砂畑山八畝で、その代金は文字金で七両です**」となります。

④

これ以降には、質入れの理由、質代金と返済の期限、債務不履行の場合の条件などが記される、いわば本題部分にあたります。2字目は変体仮名で助詞の「者《は》」ですが、③行目の「者」と若干字体が変わっています。⑨行目ではさらにくずされた「者」が出てきますが、字体の違いに注意してください。次の「當《とう》」は楷書体に近いので読めると思いますが、「当」の旧（正）字体です。「今年の」という意味です。「当」とくると次に干支《えと》がきます。いつかというと「夘」の年と書かれています。これは「卯《う》」の異体字で「夕」に「卩」と書きます。5字目は片仮名の「ノ」、次は「卯」の偏と旁にはさまれて小さく書かれていますが「御」です。その下は「年貢米永ニ《ねんぐまいえいに》」で、「貢」の文字がかなりくずされていますので注意してください。「年貢米永《ねんぐまいえい》」ですから年貢を金納していたことがわかります。12字目は「扌《てへん》に片仮名のマ」の「相《あい》」、次は「言《ごんべん》」です。旁は「告」ですから「詰」の異体字「誥」、送りがなは「リ」ですから「相詰リ《あいつまり》」となり、つまり年貢の支払いに行き詰まって、ということです。行末

の3文字は「丸に縦棒」の「申」、次は片仮名の「ニ」、「亻《にんべん》」に「寸」で「付」、通して「申二付《もうすにつき》」と読みます。④行目を読み下しますと「右《みぎ》は当卯《とうう》の御年貢米永《おねんぐまいえい》に相詰《あいつ》まり申《もう》すにつき」となり、文意は「右に記したことは今年卯の年の年貢に行き詰まったので」となります。

⑤

冒頭は「右之畑」です。2字目の「之」は比較的くずされていない字体で書かれています。4字目以下「質地二相渡シ《しっちにあいわたし》」は表題と同様ですが、「質」の字体の「貝」の部分が省画されています。「貝」のくずしはおおむね「火」のように書かれます。9字目以降は③行目と同じ「代金七両」です。

⑥

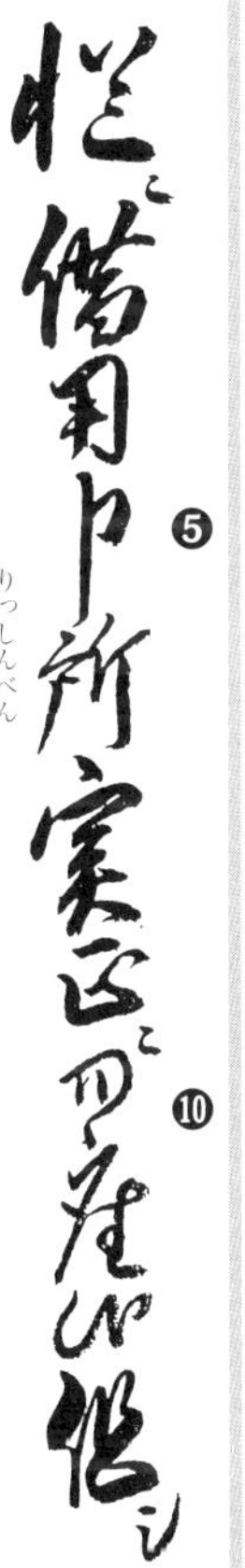

1字目は難読文字です。「忄《りっしんべん》」に「送」と書かれています。「憽」は「慥」の異体字で「たしか」と読みますが「確か」と同意です。右下に「ニ」とありますから「たしかに」と読みます。3字目「借」は問題ないでしょう。次は第1画目の縦画が省略される「用」です。2文字で「借用《しゃくよう》」です。8字目は「正月」の「正」。⑩字目の「御」のくずしは珍しい字体です。ここだけ切り抜いたらなかなか読めませんね。「御座候《ござそうろう》」は候文《そうろうぶん》における基本中の基本ですから、こういう場合は一気に「ござそうろう」と読んでしまえばよいのです。⑤行目はじめからここまでを読み下しますと、「右の畑《みぎのはたけ》

質地《しっち》に相渡《あいわた》し代金七両《だいきんしちりょう》たしかに借用申《しゃくようもう》すところ実正《じっしょう》にござ候《そうろう》」となり、その文意は「右に記した畑を質地として渡し、代金七両を確かに借用しますことに相違ありません」となります。

最後の は③行目の「但シ《ただし》」とまったく同じくずしです。

⑦

この行と次の行は質入れ期限が書かれています。冒頭の「年季《ねんき》」とは畑山の質入れ期限をいいます。5字目の助詞で変体仮名の「者《は》」ですが、3行目の「者《てえり》」と④行目の「右者」の「者《は》」と元は同じ漢字ですがくずし方の違いに注意してください。10字目「《より》」と行末の「迠《まで》」に注目してください。前者は「より」の合字で、後者は「迄」の異体字で「占」に「辶《しんにょう》」と書かれています。

⑧

はじめの2文字は「中年」と書かれています。意味は前行で卯年から申年までと述べていますとおり正味年数をいいます。読み方は「なかどし」と『日本国語辞典』にあります。年季の正味年数は「五年季」とありますから「中年」と一致します。「定」は一般的には「宀《うかんむり》」に「之」と書きます。⑥行目最後の「但シ」から⑧行目10字目の「候」までを読み下しますと「ただし年季《ねんき》の儀《ぎ》は卯《う》の三月《さんがつ》より申《さる》の三月《さんがつ》まで中年五年季《なかどしごねんき》に相定《あいさだ》め申《もう》し候《そうろう》」となり、現代語訳しますと「ただし年季は卯年の三

月から中年の三月まで正味五年と決めます」ということです。

行末は「年季」ですが4字目の「年」と字体を比べてください。「ノ」のあとに円を描くように縦画を先に書いてから上に戻って横画を書いています。よく出てくる字体ですのでぜひ覚えてください。また、「手」と類似していますが前後関係や用語から判断すると区別がつくと思います。

⑨

前行の「年季」を受けて「之《の》内《うち》者《は》」と続きます。以下は「御《ご》公《こう》儀《ぎ》様《さま》御《お》年《ねん》貢《ぐ》」と読みます。「御」と「公」の間が若干あいているのは敬意をあらわす欠字《けつじ》と考えられますが、「御」の上をあけることもあります。

⑩

1字目は「言《ごんべん》」に「者」で「諸」、次は「役」ですから「諸役《しょやく》」となります。「諸役」は本年貢以外の雑税をさします。3字目は頻出するくずしですが「懸」の草体です。元の漢字を連想しにくい字体ですのでこのままの形で覚えてください。「懸り物」も租税の一つで、町村や社寺に納める金銭をいいます。6字目は片仮名の「ホ」のように書かれていますが「等」の異体字「才」です。次は「長」でそのまま「ながく」と読みます。
さて、8・9字目ですが頻出する用語ですので必ず覚えてください。「其元」と書いて「そ

こもと」または「**そのもと**」と読みます。「**其許**」と書くこともあります。語意は「あなた・そちら」という意味です。反意語は「**爰元**《ここもと》**・爰許・此元**」です。は「**二而**《にて》」と読みます。13字目は「**勤**《つとめ》」ですが、旁の「力」が「刀」に書かれることはよくあることです。行末は「**被成**」で下から「**なされ**」または「**なられ**」と上に返って読みます。「**被**《れ》」は尊敬の意の助動詞で・・・・などとも書かれます。頻出する用語ですのでぜひ覚えてください。

⑪ 

はじめの3文字は「**御手作**《おてづくり》」と書かれています。「**御**」は一般的な字体です。「**手**」は「ノ」の次に縦画を書いてから横画を書いています。⑧行目の「年」と書き順も字体も類似していますので注意してください。「**作**」の旁のくずしは「乍《ながら》」と同じでとの二通りの書き方があります。次のは、1字目が「**可**」で助動詞の「**べし**」、2字目は「**被**」で受身・尊敬の助動詞「**る・らる**」、次のは「**成**」で「**なす・なる**」と読みます。最後は「**候**《そうろう》」ですから、「**可被成候**」で「**なさるべくそうろう**」と「**成**」から順に上に返って読みます。「～してください」ほどの意味ですが、頻出しますのでぜひ覚えてください。⑧行目行末の「**年季**」から読み下しますと「**年季**《ねんき》**の内**《うち》**は御公儀様御年貢**《ごこうぎさまおねんぐ》**・諸役**《しょやく》**・懸**《かか》**り物**《もの》**など長**《なが》**くそこもとにてお勤**《つと》**めなされお手作**《てづく》**りなさるべく候**《そうろう》」となり、文意は「**年季のあいだは御公儀様への年貢・諸役・懸り物などは長くそちらで納めて耕作してください**」となります。

さて、次の「年季《ねんき》」の下は「明」という文字です。旁の字体に特徴がありますが、はほかに「阝《おおざと》」も同様に書かれますので合わせて覚えておいてください。たとえば「郡」「邪」などがあります。12・13字目は「本金《ほんきん》」で、借用している金銭をさします。行末は「扌《てへん》に片仮名のマ」で接頭語の「相《あい》」、最後は「済《すまし》《すみ》」です。旁だけですと「斉」とも「斎」とも読めます。「年季《ねんき》明《あ》キ《き》本金《ほんきん》相《あい》済《すまし》」で、年季が明けて本金を返済し、という意です。

⑫

行頭は「亻《にんべん》」に「士」で「仕《つかまつり》」、その下は「候八丶《そうらわば》」で「〜したら」という意味です。「八」の下の「丶」は片仮名のときに用いる踊り字です。平仮名では「ゝ」となります。「右之畑山立木《みぎのはたやまたちき》」は問題ないと思います。次のですが、打消しの助動詞「不《ず》」に「残」で下から「残らず」と読みます。「不」はと書かれる場合と、このように平仮名の「ふ」のように書かれる場合があります。15字目は典型的な「取」のくずしです。行末は「御返シ《おかえし》」と読みます。

⑬

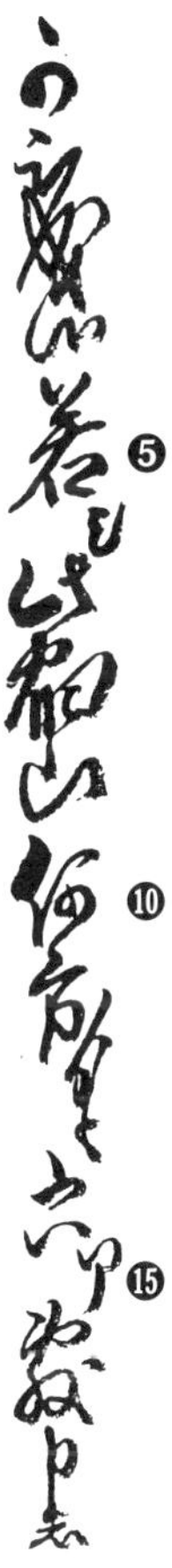

冒頭部分は⑪行目でも出てきましたが、「可被成」で下から「なさるべく」または「ならるべく」と読みます。その次は最も頻度の高い「候《そうろう》」のくずしです。したがって⑪行日の半ば「年季」以下

を読み下しますと「年季《ねんき》明《あ》キ本金《ほんきん》相済《あいすまし》仕《つかまつ》り候《そう》らわば、右《みぎ》の畑山立木《はたやまたちき》残《のこ》らず切《き》り取《と》りお返《かえ》しなさるべく候《そうろう》」となり、現代語訳しますと「年季が明けるまでに借金の返済を済ませましたら、右の畑山の立ち木を残らず切り取ってお返しください」となります。

5字目は「若」で次の「シ」と合わせ「もし」と読みます。次のは典型的な「此《この》」。10字目以下は「何方ゟ《いずかたより》も」と読み、「どこからでも」「だれからも」の意味です。「ゟ」は既出ですが「よ」と「り」の合字です。また、右下の小さい「も」を読み落とさないようにしてください。「も」の字母漢字は「毛」で、一般的に・などと書かれます。は「六ケ敷」と書かれています。「ケ」が「ア」にみえますので注意してください。「敷」は形容詞「しく活用」の活用語尾「しく」「しき」の当て字で、「六ケ敷」は「難しく」の当て字です。行末は「丸に縦棒」の「申《もうす》」、最後は小さくつまって書かれていますが「者《もの》」です。

⑭

❺ ❿

1字目は片仮名の「ツ」のように書かれる「御」、次は「广《まだれ》」の左側に点が打たれる「座」、は⑫行目でも出てきました「候八丶」で、通して「御座候八丶《ござそうらわば》」となります。6字目「私」に「シ」と送り仮名が振られていますが、古文書ではしばしば見られることです。次のは「共」の典型的なくずし字です。は接頭語的に用いられる動詞の「罷《まかり》」で、上部の横棒が「罒《あみがしら》」、下部が「能」のくずしです。次のは「出」です。「出」にはほかに・・などのくずしがあります。

「罷出」は「まかりいで」と読みます。以下は「申分ケ可レ仕候《もうしわけつかまつるべくそうろう》」です。前行「若シ」以下は「もしこの畑山《はたやま》いずかたよりも難《むずか》しく申《もう》す者《もの》御《ご》座《ざ》候《そう》らわば私共《わたくしども》罷《まか》り出《い》で中《もう》しわけ仕《つかまつ》るべく候《そうろう》」と読み下し、その文意は「もしこの畑山に関してどこかから面倒なことを言う者がありましたら私たちが出て行って申し開きいたします」となります。

⑮

文末は例によって決まり文句で「為後日仍而如レ件《ごじつのためよってくだんのごとし》」と読みます。「後日の証拠のため右に述べたとおりです」ほどの意味です。「仍」のくずしかたには注意が必要です。

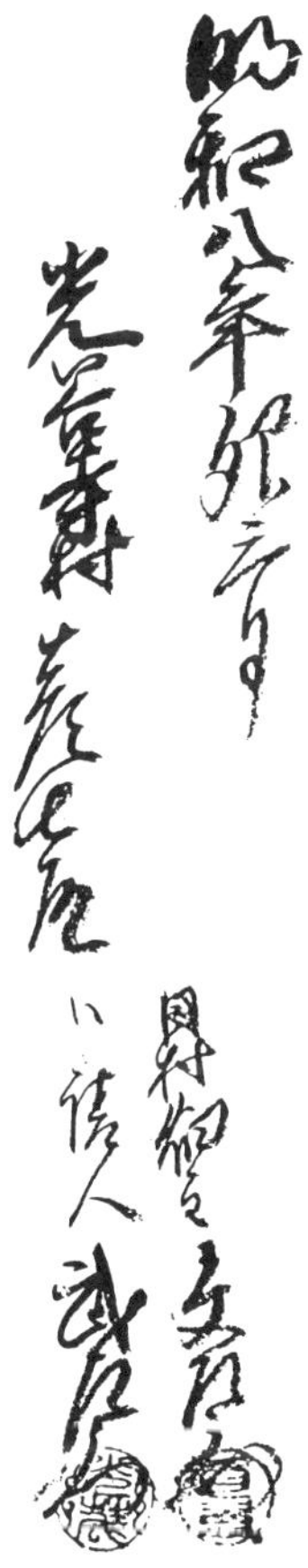

最後に日付、差出人、宛書をみておきましょう。この文書が発給されたのは「明和《めいわ》八年卯ノ三月《うのさんがつ》」とあります。西暦でいうと一七七一年です。「夘」は④行目でも出てきましたが「卯」の異体字です。その右下の小さく書かれた「ノ」を読み落とさないように要注意。差出人は、山畑の質入人で「同村

畑主　文左衛門㊞」、保証人は「同請人　武左衛門㊞」とあります。「同村」とは、宛先人と同じということですから「光善寺村」ということでしょう。宛書には「光善寺村　彦七殿」とあります。

全文解読

①　質地《しっち》ニ相渡《あいわたし》シ申《もうす》畑山之事《はたやまのこと》
②　一《ひとつ》、砂畑山八畝歩《すなはたやまはちせぶ》　揚《ば》(場)所屋敷前《しょやしきまえ》
③　此代金七両者《このだいきんしちりょうてえり》　但シ文金也《ただしぶんきんなり》
④　右者《みぎは》当卯ノ《とううの》御年貢米永《おねんぐまいえい》ニ相詰リ申ニ付《あいつまりもうすにつき》、
⑤　右之畑質地《みぎのはたけしっち》ニ相渡《あいわたし》シ、代金七両《だいきんしちりょう》
⑥　慥《たしか》ニ借用申所実正《しゃくようもうすところじっしょう》ニ御座候《ござそうろう》、但シ《ただし》
⑦　年季之儀者《ねんきのぎは》卯ノ三月《うのさんがつ》ゟ申ノ三月迄《よりさるのさんがつまで》
⑧　中年五年季《なかどしごねんき》ニ相定申候《あいさだめもうしそうろう》、年季《ねんき》
⑨　之内者御《のうちはご》　公儀様御年貢《こうぎさまおねんぐ》
⑩　諸役懸リ物等《しょやくかかりものなど》長其元《ながくそこもと》ニ而《にて》御勤被レ成《おつとめなされ》
⑪　御手作可レ被レ成候《おてづくりなさるべくそうろう》、年季明キ本金相済《ねんきあきほんきんあいすまし》

⑫ 仕候《つかまつりそうら》ハ、、《わば》 右之畑山立木《みぎのはたやまたちき》不レ残《のこらず》切リ《きり》取《とり》御返シ《おかえし》

⑬ 可レ被レ成候《なさるべくそうろう》、若シ《もし》此畑山何方《このはたやまいずかた》ゟ《より》も六ケ敷《むずかしく》申者《もうすもの》

⑭ 御座候《ござそうら》ハ、、《わば》 私シ共《わたくしども》罷出《まかりいで》申分ケ《もうしわけ》可レ仕候《つかまつるべくそうろう》、

⑮ 為二後日一《ごじつのため》仍而《よって》如レ件《くだんのごとし》

明和八年《めいわはちねん》卯《う》ノ《の》三月《さんがつ》

同村畑主《どうそんはたぬし》 文左衛門《ぶんざえもん》㊞

同《どう》 請人《うけにん》 武左衛門《ぶざえもん》㊞

光善寺《こうぜんじ》村彦七殿《むらひこしちどの》

■返読文字②

【令】しむ・せしむ

令㆓一覧㆒ 令㆓違背㆒ 令㆓請印㆒ 令㆓下知㆒ 令㆓承知㆒ 令㆓沙汰㆒ 令㆓停止㆒ 令㆓披見㆒ 令㆓扶助㆒ 令㆓割賦㆒

【無】なし

無㆓異儀㆒ 無㆓違儀㆒ 無㆓異変㆒ 無㆓覚束《おぼつかなく》㆒ 無㆓懈怠㆒ 無㆓差別㆒ 無㆓差支㆒ 無㆓是非㆒ 無㆓遅滞㆒ 無㆑恙《つつがなく》

無㆓別条㆒ 無㆓申分㆒ 無㆓申訳㆒ 無㆓由断㆒ 無㆓餘義㆒ 無㆑據《よんどころなく》 無㆑拠

【乍】ながら

乍㆑恐 乍㆑恐 乍㆑去 乍㆑併

乍㆑然《しかしながら》 乍㆑不㆑及 乍㆓御世話㆒ 乍㆑存 乍㆑憚《はばかりながら》 乍㆓御面倒㆒

【於】おいて

於㆑于㆑今《いまにおいて》 於㆓當地㆒ 於㆑有㆑之ハ 於㆓江戸表㆒ 於㆓道中㆒

【難】がたし

難㆑有仕合 難㆑及候 難㆓相成㆒ 難㆓相成㆒ 難㆑計

【以】もって

以㆓書付㆒ 以㆓書附㆒ 以㆓実意㆒ 以㆓使者㆒ 以㆓刻付㆒

【雖】いえども

雖㆑有㆑之 雖㆓事済㆒ 雖㆑然 雖㆑申㆑之

【従・自】より

従㆓江戸㆒ 従㆓前々㆒ 従㆑是 自㆑此 自㆓昨年㆒

【致】いたす

致㆓売捌㆒ 致㆓加判㆒ 致㆓手作㆒ 可㆑致㆓注進㆒

【及】およぶ

不㆑及㆓申㆒ニ 及㆓不熟㆒ニ 及㆓口論㆒

【奉】たてまつる

奉㆑仰候 奉㆓恐入㆒候 奉㆑畏 奉㆓恐悦㆒ 奉㆓承知㆒ 奉㆑存 奉㆓願上㆒ 奉㆓申上㆒

【遂】とぐ

遂㆓吟味㆒ 遂㆓相談㆒ 遂㆓示談㆒

【任】まかす

任㆓先規㆒ 任㆓指図㆒ニ

第5章 五人組——五人組帳前書「御条目五人組帳」明治元戊辰年十一月

町や村で年貢納入や治安維持のために五戸前後を一組として組織し、連帯責任を負わせた制度を「五人組」といいます。五人組が全国的に制度化されたのは、寛永十（一六三三）年頃で、キリシタンや牢人の取り締まり、農村と農家を維持し年貢収奪を完遂することが本来の目的だったといわれます。五人組を記した帳簿が五人組帳で、前半部分に領主の法令が記され（五人組帳前書《まえがき》）、これを遵守することを誓約した五人組構成員の連名・連印が後半部に記されるのが一般的でした。

書式は、初期では一紙文書もありましたが、後には帳面仕立てが一般的でした。前書《まえがき》の内容は、慣習法、道徳・幕府禁令などさまざまで、村役人は定期的にこれを村民に読み聞かせることとされていました。

この章で取り上げた「五人組帳前書」は遠江国榛原《とおとうみのくにはいばら》郡嶋村の明治元年のもので、すでに幕藩体制は崩壊していましたが、前政権の法制度が残存・継続することは一般的でした。ちなみに同村の元文五（一七四〇）年の「五人組帳」をみますと、全部で八一条あり、また一箇条が比較的長く書かれていて、これにくらべ、明治元年の「御条目五人組帳」は全部で四八条で、一項目自体短い文章で書かれています。このように、地域や時代により内容も形式も条数もまちまちで、法規範としては次第に形式化していったものと考えられます。

なお、本資料は多くの変体仮名が用いられていますので『仮名字典』などで一字ずつ確認しながら解読してください。

①

明治元戊辰年

御條目五人組帳

十一月

遠州榛原郡

嶋村

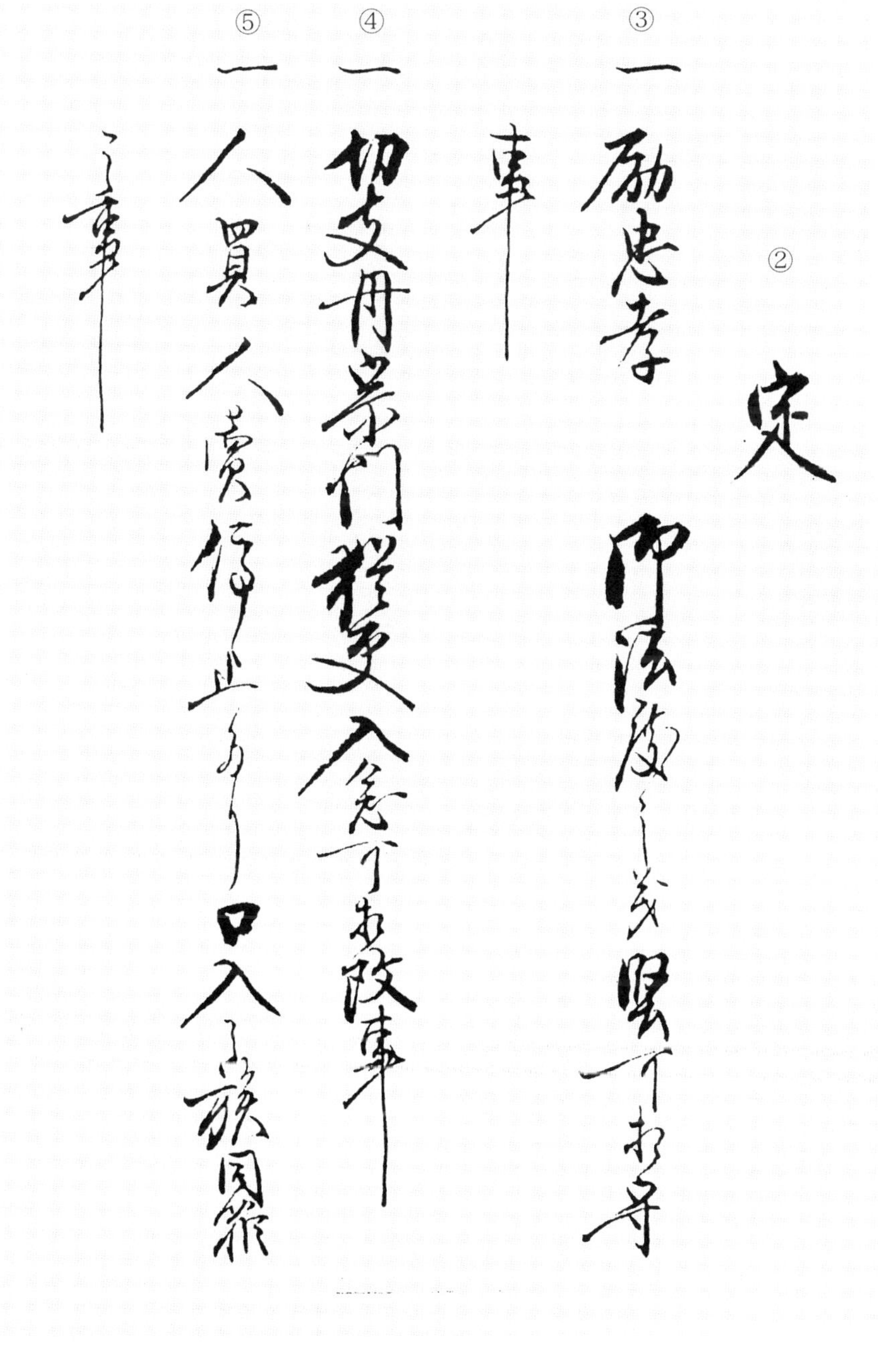

② 定
御法度之義堅可相守
③ 一 励忠孝事
④ 一 切支丹宗門群党入念可改事
⑤ 一 人買人売停止并口入之族同罪之事

⑥ 一　盗賊悪党之輩并不審成者ハ

⑦ 訴出候ハヽ、縦令同類たりとも其科

⑧ 被宥免、褒美可被下之事

⑨ 一　博奕之儀勿論、諸勝負

⑩ 停止之事

⑪ 一　田畑永代売買停止之事

⑰ ⑯ ⑮ ⑭ ⑬ ⑫

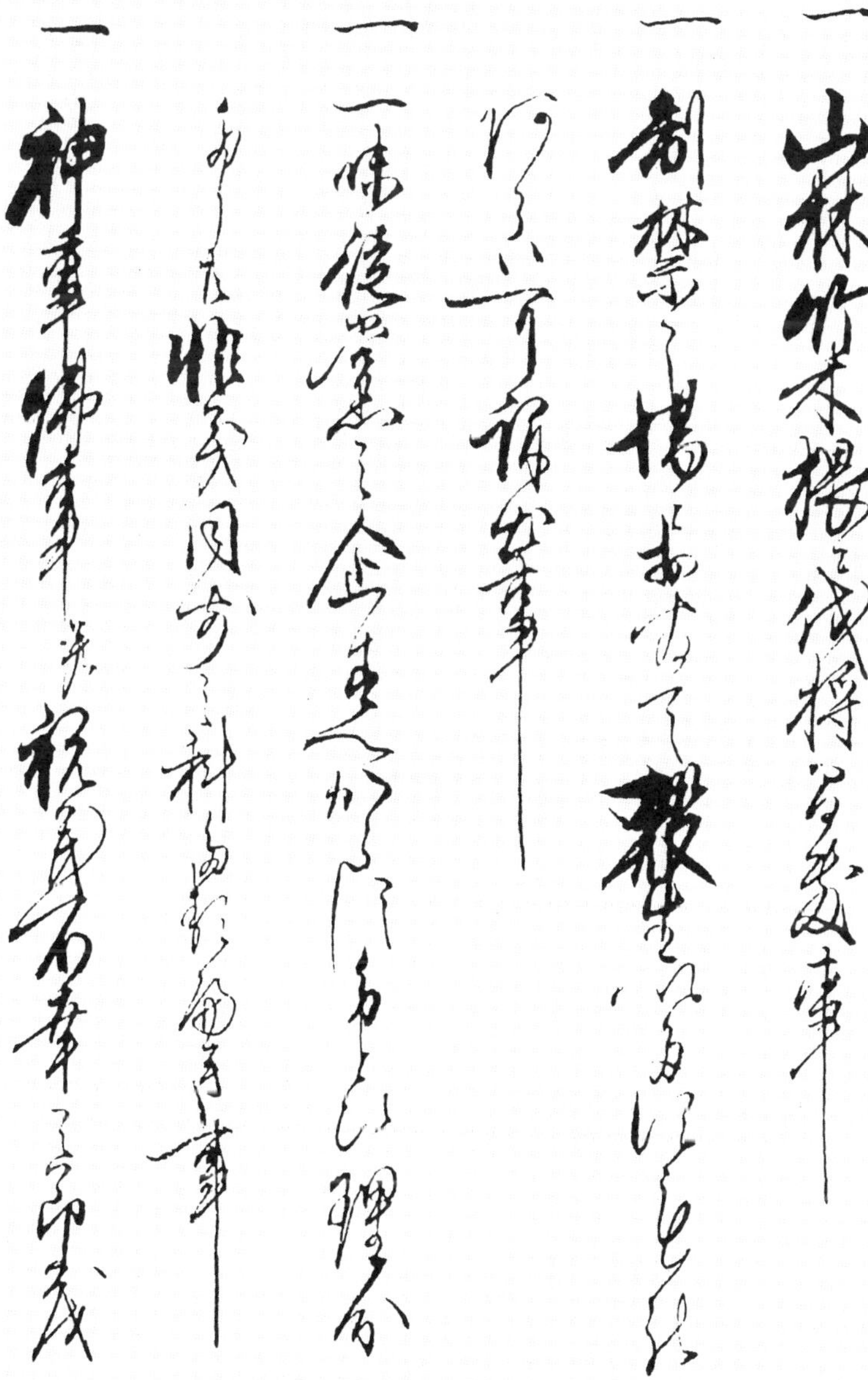

（国文学研究資料館史料館所蔵・遠州嶋村山田家文書）

①

表紙の題名から読んでいきましょう。さほど難しい文字はありません。注意したい個所は2字目の條ですが、これは「条」の旧字体「條」です。「亻《ぎょうにんべん》」になっていますがこれは「條」の異体字です。4字目は「五」ですが筆順が現在と違う所に留意してください。いっけん「Z《ゼット》」に見えますね。さて、6字目「組」の「糹《いとへん》」は典型的な字体ですので必ず覚えてください。通して読みますと「**御条《ごじょう》目五人組帳《もくごにんぐみちょう》**」となります。次に表題の周辺の文字を解読しましょう。

表題の左右には本資料の作成された年月が記されています。「**明治元戊辰《つちのえたつ》年**」「**十一月**」と書かれています。この前年の十月に大政奉還され、この年の九月八日に明治天皇が在位、明治政府が樹立されました。「五人組制度」は江戸幕府の政策ですが、このように明治初年でもまだ旧政権の制度が現存していたわけです。

さて、最後の地名ですが、「**遠州《えんしゅう》**」は「遠江国《とおとうみのくに》」、「**榛原郡《はいばらぐん》**」は現在の静岡県大井川流域西岸に位置し、「**嶋村**」は西に大代川が流れ、大井川との間にはさまれた村でした。「**嶋村**」は、江戸時代（元和・寛永期）に成立した村で、村高はおよそ四百五十石前後の村でした。

ちなみに、「嶋」は『大字典』（講談社）によりますと「島」の「別体」と分類され、一般に異体字と考えられています。

②

表紙をめくり、2丁目から本文が始まっています。表題はまず百パーセント読めますね。「定《さだめ》」はもちろん規則や法度《はっと》のことです。「じょう」と読まれる方もいます。表題では大げさにくずされることは少ないようですが、他に・・などが基本的なくずし方です。

③

1字目は一つ書きといって、項目を箇条に書き分けるときに用いられます。「ひとつ」と訓読します。は下から返って読む動詞の返読文字で「励《はげむ》」と読みます。何に励むかというとその下に記されています。行書体ですから簡単に読めます。つまり「忠孝《ちゅうこう》」に「励み」となります。「忠孝」は江戸時代では基本的な概念で、主君に対する「忠義」と親に対する「孝行」をさします。さて、その下が1字分あいているのは欠《けつ》(闕)字《じ》と言います。身分の高い人に関わる言葉が次に来るときに1字

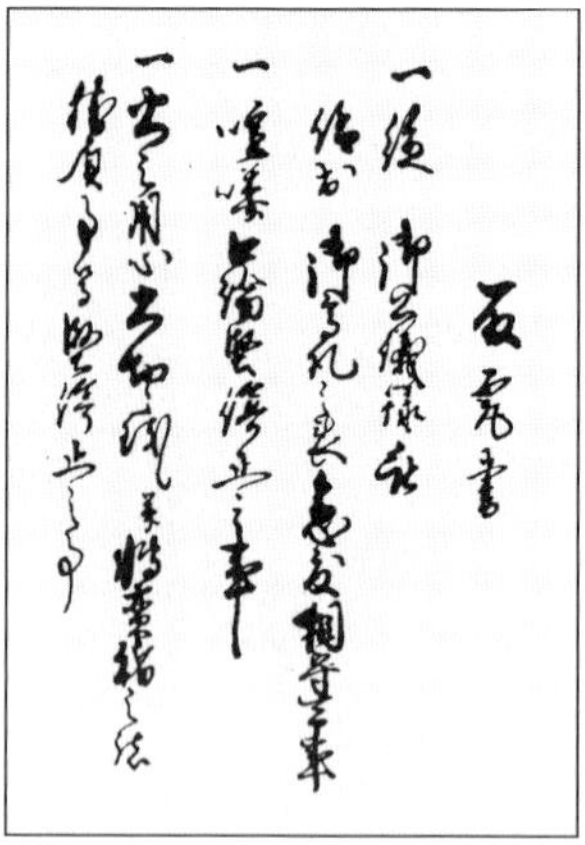

平出の例

分あけます。さらに高い敬意を表すときは改行します。これを平出《へいしゅつ》といいます（上図）。さらに身分の高い人の場合は他の行より高い位置に飛び出すように書かれます。これを台《たい》(擡)頭《とう》といいます。

5字目以降は「御法度之義《ごはっとのぎ》」と読みます。「法度」は法律や禁令・禁制のことです。「之」のくずしはもう大丈夫ですね。平仮名の「し」に見えるのは、「し」の字母漢字が「之」だからです。

「義」は本来「儀」と書くところですが、代用として「義」を使っていますが、近世ではまったく同義で用いていて区別して考えていなかったようです。次のですが、左上の「リ」のように書かれたが「臣」、その右は明らかに「又」、沓《くつ》（漢字の下部、脚《あし》とも）の部分が「土」ですから「堅」となり「かたく」と読みます。また、ともくずされます（左上に注意、「ヒ」と書かれます）。両方とも古文書ではよく見かける文字ですし、頻度の高い語彙ですから必ず覚えてください。「絶対に」とか「決して」など強い意志を表す場合に用いられます。

11字目は助動詞の返読文字で、「可《べし》」の比較的くずされない字体です。〈横線↓口↓縦線〉の順に書かれますが、口の部分の略され方により、大きく分けて・の2種類があります。また、「可」には、「一＋の＝」、「点＋の＝」、「一＋点＝」、「片仮名のマ＝」などのくずし方があります。さて、「可《べし》」は下から返って読む返読文字ですからを先に読みます。上は「扌《てへん》」に片仮名のマ」で接頭語の「相《あい》」、次は「宀《うかんむり》」に「寸」で「守」、したがって、「あいまもるべき」と読みます。「**べく**」ではありません。それは、次の行になりますが、体言の「**事**」がくるからで、「**まもるべき**」と連体形でなくてはなりません。また、「**可**《べし》」にはさまざまな意味がありますが、ここでは「命令」と考えるのが妥当でしょう。

これで第1条を読み終えましたが、文章の意味を考えてみましょう。「**忠孝に励み、法令を必ず守りなさい**」となります。

④ 

冒頭のは「**切支丹宗門**《きりしたんしゅうもん》」と読みます。「**切支丹**」は「吉利支丹」とか「吉利死丹」など何通りかの書き方があります。俗説では綱吉以降は「吉」の字を用いないようです。もちろん語意は、キリスト教もしくはその信者をさします。江戸時代では日蓮宗の一派である「不受不施派」とともに禁止され、幕府の弾圧を受けていました。「**宗門**」は宗旨・宗派のことで、ここでは「吉利支丹＝キリスト教・キリスト教徒」をさします。

さて、次は頻出する熟語です。上のですが、これは偏と旁に分けて考えます。偏は「扌《てへん》」「犭《けものへん》」の2種類が考えられますが、第1画目が右上から左下へ伸びているところから判断すると、「犭《けものへん》」と解した方が妥当でしょう。では、旁はどうでしょう。「首」のように読めます。しかし、そんな漢字は見たことありません。では、先に次のを判読してみましょう。これは中央部分の「日」の横画が省略された「**更**」です。熟語で「〇更」。〇は「犭《けものへん》」ですから、そうです、「**猶更**《なおさら》」と読めば正解

です。つまり は「酋」だったわけで、「首」に似ていなくもありません。

9字目は「入」。次は「今」に「心」で「念」。「入念」は、下から「ねんをいれ」と読みますが、「にゅうねんに」とも読めそうです。 は、「可相改」と書いて「あいあらたむべき」と読みます。「改」は、新しくすること以外に、「調査する」とか「吟味する」という意味があります。また、「改」の偏が「阝《こざとへん》」に類似していますので注意してください。最後は「事」です。

第2条の文意は、「キリシタン宗門については一層念入りに調べなさい」となります。

⑤

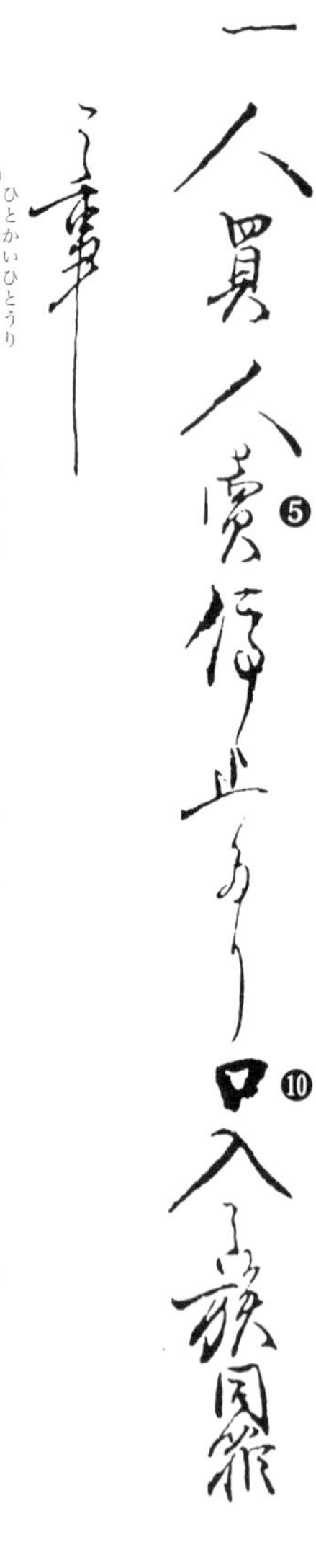

はじめの「人買人売《ひとかいひとうり》」は「人売買」ともいい、人身売買のことです。「売」が旧字（正字）の「賣」になっている点に注意してください。6字目 は次の文字とで熟語になっているのですが、頻出文字でかつ重要語句ですのでしっかり覚えてください。偏は「亻《にんべん》」で問題ないでしょう。旁は、点に平仮名の「る」のように書かれています。 のように「亠《なべぶた》」に「る」と書かれることもあります。これは「料亭」の「亭」です。「亻《にんべん》」に「亭」で「停」となります。次の文字はほぼ楷書体ですから素直に「止」と読めば「停止」となります。読み方は「ていし」ではなく「ちょうじ」と読み、意味は、禁止することです。その下は変体仮名が2字書かれています。はじめは「た」で、字母漢字は「多」

です。その下は「り」ですが、字母は「利」です。「たり」で、かなり強い調子の断定の意味を表しています。

10・11字目は「口入」と書いて「くちいれ・くにゅう」と読みます。取引きの仲介人や奉公人の周旋人などをいいます。次の縦に長い「し」のような文字は助詞の「之《の》」です。族は偏と旁に分けて考えればさほど難しくないと思いますが、「族」で「やから」と読みます。今でも無法者を「あのやから共めが」などとうそぶく人を見かけませんか。あの「やから」で、多くの場合、軽蔑や卑しめの意味を含んで用います。

次は「同罪」と読みます。「同」はともかく、「罪」はちょっと読みにくいかもしれません。上部が「罒《あみがしら》」で下が「非」と書かれています。2行目の冒頭は前行12字目と同じ「之」です。最後は「事」で、文意は「人身売買は厳禁です、周旋した者も同罪です」となります。

⑥

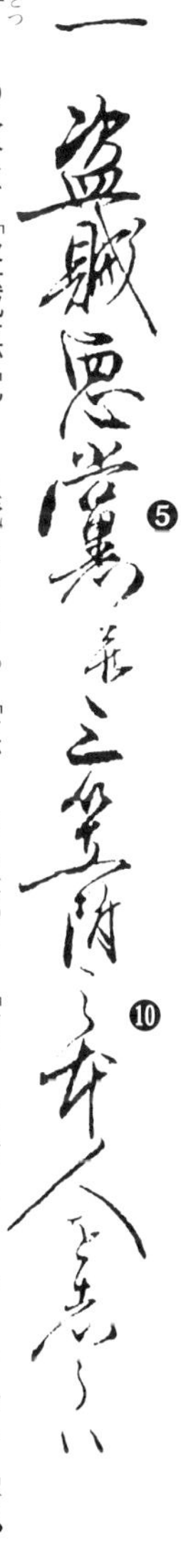

「一《ひとつ》」の次は「盗賊悪党」と読みます。「悪」は上部を「西」に書いていますが、「悪」は「悪」の異体字です。「黨」は「党」の旧（正）字体。次の并ですが「并」と書かれていますが、最後の縦画が右に折れているところに特徴があります。「ならびに」と読みますが、翻字するときは、「并」と新字体にするか「并」と旧（正）字体にします。また、下に「ニ」を補って「并ニ《ならびに》」と書かれる場合もあります。

7字目以降は「三笠附《みかさづけ》」と読みます。冠付《かむりづけ》という雑俳の一種で、時代とともに次第に勝ち負けを競う賭け事になっていきました。10字目は⑤行目にも出てきました助詞の「之《の》」。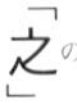は「本」です。現在でもこのように書かれる方は結構いらっしゃるのではありませんか。他に（大＋十）・（縦画から）などともくずされます。その下は「人」ですから「本人」となります。三笠付の主催者のことです。以下は仮名です。はじめは「を」です。字母漢字は「遠」。次は「志」ですがこれも変体仮名で「し」と読みます。3字目は「う」のように見えますが「ら」です。字母は「良」。「う」に見える変体仮名には他に「か＝可ノウ」がありますので要注意です。最後は、片仮名の「八」。変体仮名の「は」とも考えられます。その場合の字母は「八」です。通しますと「をしらは《ば》」となり、つまり「～を知っていたら」という意味になります。

⑦

⑤ ⑩

1字目は「言《ごんべん》」に「斥」で「訴」、次は「出」で「訴出《うったえいづ》」となります。次は変体仮名で、字母は「遍」で「へ」と読みます。次の変体仮名は問題なく「し」です。字母漢字は「之」。したがって「訴え出《い》づべし」と読み下します。

さて、5字目は問題です。偏と旁に分けて考えてみましょう。偏は「糸《いとへん》」、もしくは「彳《ぎょうにんべん》」か「亻《にんべん》」（「亻」はしばしば「彳」に書かれます）が考えられます。旁は、どうでしょう。「暇」の旁部分か、「従」にも類似しています。これらを総合して考えますと「縦」と「假（仮）」が考えられます。手持

ちの『字典』類には、どちらも「たとい・たとえ」という意味があるようです。逆に『日本国語大辞典』で「たとい」の項目を引きますと見出しに「仮令・縦・縦使」とあります。

それでは本資料の場合どのように読めばよいのでしょうか。偏が「彳《ぎょうにんべん》」というより「糸《いとへん》」に近いように思えます。したがってここでは「縦」と読み、次の「令」とで「縦令（たとい）」と判読することにします。ご意見がありましたらお聞かせいただきたいと存じます。

次のは中央の「口」が省画されていますが「同」と読みます。は偏に特徴がありますが、「類」です。「同類」で、ここでは同じ罪を犯した者をいいます。以下またまた変体仮名です。9・10字目は⑤行目で出てきました「たり」です。次は「と」で字母は「止」。その下は「も」で字母は「毛」。4文字で「たりとも」となります。

は指示代名詞の「其《その》」です。最後は「科」で「とが」と読み、あやまちや罪とかの罰のことです。

⑧

❺

この行は全部で7文字あります。最後の「事」を除いてすべて変体仮名です。1字ずつ読んでいきましょう。はじめは、「越」を字母とする「を」です。次の「甲」に見える文字は「ゆ」、字母は「由」。は⑦行目で出てきました「同類」の「類」で、これも変体仮名で「る」と読みます。もよく用いられる仮名で「す」です。字母は「春」。5字目は⑦行目で出てきました「へ」、字母は「遍」。次は「き」、字母は「幾何学」の「幾」です。したがって、行頭から読みますと、「をゆるすへき」と

なります。最後は「事」ですから、「~を許すべき事」となるわけです。

さて、⑥~⑧行目つまり第4条の文意を通してみますと、**「盗賊・悪党ならびに三笠付の首謀者がいたら訴え出なさい、訴え出ればたとえ同罪の者でも許されます」**となります。

⑨

❺ ❿

は頻出する用語です。慣れた方なら躊躇せずに「博奕《ばくち》」と読んでしまうでしょう。もちろん正解ですが、字体をよく見ていただきたいのですが、「博」の偏は本来は「十」となるところですが、「忄《りっしんべん》」に書かれています。さらに2字目の「奕」も下部が「大」でなく「火」になっているようです。「博奕」は誤字や慣用的に用いられるくずし字が種々ありますので、実際に古文書に表記された字体を拾って掲出しましたので参考にしてください。

【博奕のくずし方】

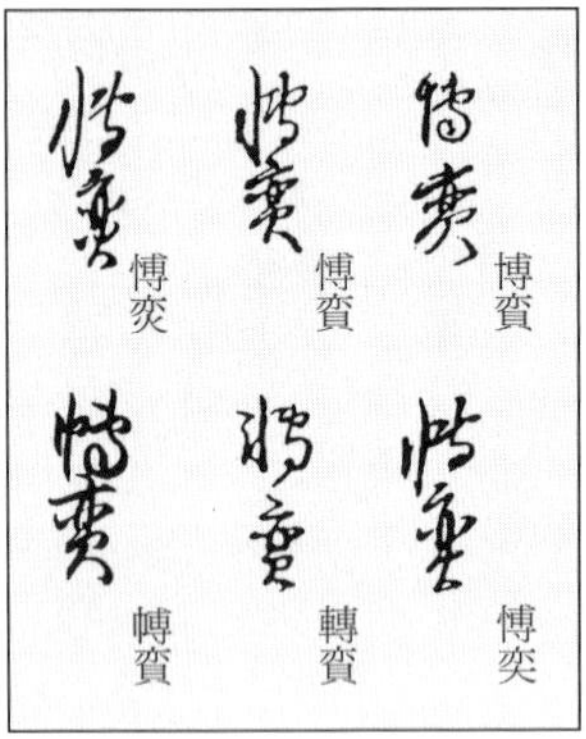

ちなみに「博」の旁は新字体では「専門」の「専」ですが、旧(正)字体では「尃」と「專」があります。とくに注意したいのは、「伝」の旧(正)字「傳」と「傅役《もりやく》(主君の継嗣の世話をする役職)」の「傅」の場合です。これは別字ですが、くずし字になると両方ともと、同字体に書かれます。

さて、4字目は助詞で変体仮名の「は」です。本書では小さく右に寄せて「者」と漢字で表記することに統一しています。次は「勿」、

「勿」とくれば「勿論《もちろん》」です。本例の場合「論」の旁がやや不明瞭ですがと書かれることが一般的です。7字目は上部が「物」、下が「心」で「惣」と読みます。「総」とほぼ同義ですが、近世では「惣」と書かれることの方が圧倒的に多いようです。次は「向」にも似ていますが、上の字を受けて、「而」と読み、「惣而（そうじて・すべて）」となります。「而」は「〜にて」の「て」に「而」をもちいたり、副詞などの「却《かえっ》て」とか「決《けっ》して」の「て」に「而」を用います。これは変体仮名ではなく漢文の影響を受けた真仮名と考えられています。

9字目は「貝《かいへん》」に「者」で「賭《かけ》」。次は何度も出てきました助詞の「之」。11字目は「言《ごんべん》」に「者」で「諸」。最後の2文字はちょっと読みづらいかもしれません。の偏は典型的な「月《つきへん》」です。横画が省略されています。旁は筆順を追っても判断がつかないと思います。先に最後の文字に挑戦してみましょう。上部は「ク」と読めます。その下の部分は「貝」のようです。合わせますと「負」となります。さて、先ほど半分しか読めなかった文字と組み合わせて熟語として読んだらどうでしょう。そうです、「勝負《しょうぶ》」です。「賭之諸勝負《かけのしょしょうぶ》」という言葉は頻出しますので、ぜひ覚えてください。

⑩ 

はじめの2文字は熟語ですでに⑤行目に一度出てきました。「亻《にんべん》」に旁が点に「る」で「停」、下は「止」ですから「停止《ちょうじ》」です。次は「之」、最後が「事」です。⑨⑩行目の意味は、「**博奕はもちろんすべて賭けの勝負ごとは禁止です**」となります。

⑪

一田畑永代賣停止之事

この項目は容易に読めるでしょう。「田畑《でんばた》永代《えいたい》売《うり》停止《ちょうじ》之《の》事《こと》」と書かれています。「田畑は幕府・領主のものだから農民がこれを永代売りしてはいけない」という法令です。もちろん「百姓」は背に腹は返られないので、永代売りではなく「年季売り」とか「質に入れる」という方法で対処しました。

用字についていくつか説明しておきましょう。「畑」は読めると思いますが、これは日本で作られた漢字で国字《こくじ》と言います。国字には他に「峠《とうげ》」「躮《せがれ》」「辻《つじ》」などがあります。（160頁「国字一覧」参照）

⑫

一山林竹木猥ニ伐採可致事

「山林竹木《さんりんちくぼく》」は難しくありません。6字目ですが、いっけん「木《きへん》」に読めます。旁は「畏」のようです。旁から考えると「隈」か「猥」というところでしょうか。「阝《こざとへん》」には見えません。むしろ「犭《けものへん》」の方が納得できます。下に小さく「ニ」とありますから「猥ニ」で「みだりに」と読めばよいでしょう。

8字目は「伐」です。次の文字の偏は「木《きへん》」「扌《てへん》」「犭《けものへん》」が考えられます。旁は「将」の旁部分です。これらを組み合わせても該当する漢字はなさそうです。文章の意味から考えてみましょう。竹や木を「伐るな」ということでしょうから、「伐採」ではどうでしょう。つまり、「採」と書くところを右下の「木」

を「寸」と書き違えたのです。古文書にはよくこのような書き違いがありますので、必ず文章の意味から考えるということを忘れないでください。さて、「伐採」のあとにとあります。文章の意味から伐採「してはいけない」と言いたいのだと思うのですが、さて、これはどう読むのでしょうか。10字目は上部のが「門《もんがまえ》」で下部のが「日」で「間」と読みます。次は、「座敷」などというときの「**敷**」です。「**間敷**」で「**まじく・まじき**」と読みますが、これは否定を表す助動詞で終止形は「**まじ**」です。つまり当て字です。「**伐採《ばっさい》すまじきこと**」または「**伐《き》り採《と》るまじきこと**」と読みます。この箇条の意味は、「**山林の竹木をやたらに伐採してはいけない**」となります。

⑬

冒頭は「**制禁《せいきん》**」と読みます。禁止の意味です。次は助詞の「**之《の》**」。5字目は偏が「扌」のように書かれていますが「土《つちへん》」と考えて、旁が「昜」ですから「**場**」と判読します。「**場**」は・ とも書かれます。頻出しますのでいっしょに覚えておいてください。熟語としては（市場）・（場所）・（町場）などがあります。小さい「**ニ**」の後はまた変体仮名です。最初は「**お**」で字母は「**於**」。次は「**ゐ**」で字母は「**為**」、最後は「**て**」で、字母は「**天**」です。読み下しますと「**制禁《せいきん》之《の》場《ば》ニ《に》おゐて**」となります。

10字目は偏が判然としません。次の文字が「**生**」ですから「**殺生《せっしょう》**」と読ませるのでしょうが、偏が書き直してあるのか、上部の「メ」もしくは「九（殺の左上のメはしばしば〈九〉と書かれます）」も、下部の「木」

も判然としません。文章の意味は、禁じられた場所で殺生はするな、と言いたいようですから、ここは「殺生」と判読して間違いありません。以下はまた変体仮名です。「いたすもの」と書かれています。字母はわかりますか。上から順番にあげますと、「以」「多」「須」「毛」「能」となります。

⑭ 

前行末尾からの続きで、ここも変体仮名です。はじめは「阿部さん」の「阿」を字母とする「あ」です。次は⑥行目で出てきました「ら」で、字母は「良」。3字目はカタカナの「八」、もしくは「八」を字母とする変体仮名「は」です。

4字目は③行目で出てきました命令の助動詞「可《べし》」です。返読文字ですから下の文字を先に読みます。「言《ごんべん》」に「斥」で「訴」、次は「出」ですから、「訴え出《い》づべき」と読みます。最後は「事」です。

⑬⑭行目の文意は、「禁止されている場所で殺生をする者がいたら訴え出なさい」となります。

⑮ 

冒頭「一《ひとつ》」の下は「一味」です。「口《くちへん》」は一般的に・とくずされます。語義は「味方すること、仲間・同志」のことです。4・5字目は「徒党」と書かれています。「徒」の右下「疋」は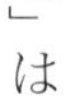となります。「足」なども同様にくずされます。「黨」は「党」の旧（正）字体です。次の「之」はもう読めま

すね。「企《くわだて》」も問題ありません。「一味徒党之企《いちみととうのくわだて》」で、「仲間と組んで行うたくらみごと」の意味になり、幕府や領主に逆らう謀叛のような計画をさします。

さて、次もまた変体仮名です。はじめの5文字は「すへからす」と読みます。字母はそれぞれ「春」「部」「加」「良」「須」となります。ちなみに、「へ」の字母は「皿」と考える研究者もいます。次の3文字は「たとひ」で、字母は「多」「止」「比」となります。「もしも・たとえ」の意味です。最後の2文字は熟語ですが、1字目は「王《おうへん》」に「里」で「理」。次は「分」です。「八」の左側の次に下部の「刀」を書き、最後に「八」の右側を点に書き、止めます。意味は、道理にかなっていること、をいいます。

⑯

はじめの2文字は変体仮名で何度か出てきましたからもう読めると思いますが「たり」です。次は頻出文字で「共」と読みます。・・・・など何通りかくずし方があります。ここでは接続助詞として用いられていて「～であっても」の意味です。

4字目以下は「非義同前」と読みます。「義」は「～之義」などの形で頻繁に用いられますので完璧にマスターしてください。なお、「同前」ですが、本来は「同然」と書くべきところですが、近世ではこのような混用がしばしば見受けられます。なお「前」は・とも書かれます。8・9字目の「之科《のとが》」は問題ないでしょう。以下は「たるへき事《（多類遍幾）》」です。

⑮⑯の条項の文意は、「**仲間と組んで企てごとをしてはいけない、たとえ道理に叶っていても犯罪と同様の罪を与えます**」となります。

⑰

「**一**《ひとつ》」の次は「**神事仏事**」と読みます。「**仏**」の旧(正)字体「**佛**」が用いられています。次の右に寄った小字は「**幷・并**」で「**ならびに**」と読みます。英語の「and」と同じです。次のは「**祝義**《しゅうぎ》」です。「**祝**」の旁が「**兄**」より「**元**」に見えます。本例は「**兄**」の第1画目が略された字体です。次は「**義**」です。前行にも同じくずし字があります。「**祝義**」はもちろん「**祝儀**」のことです。

9・10字目は「**不幸**」と読みます。「**不**」は比較的くずされていませんが、↓↓となり、最後は平仮名の「**ふ**」と同じくずし字になります。「**ふ**」の字母漢字は「**不**」ですから当然ですね。次は「**之**」。その下の「**郎**」に似た字は「**節**《せつ》」です。「**〜之節**《のせつ》」で「〜のとき」の意となります。最後は変体仮名で助詞の「**も**」です。もちろん字母は「**茂**」。

以下、図版は省略しましたが、この箇条だけ続きの一行を紹介しましょう。

はじめは「**軽く**」と読みます。「車《くるまへん》」は判別つきますか。「車《くるまへん》」は・・などが基本的

なくずし方です。なお、「軽」の旧（正）字体は「輕」で、旁のくずしは旧（正）字体から派生しているとも考えられそうです。ここでは「簡単に」ほどの意味です。3字目「可《べし》」は読めますね。命令の意味の助動詞です。さて、次のですが、偏は「犭《けものへん》」です。「扌《てへん》」に似ていますが、第1画目が右上から入っていますから、「犭《けものへん》」と解した方が良いと思います。次に旁ですが「丸」のようです。偏と旁を合わせますと「犱」となります。これは「執」の異体字です。しばしば古文書には出てきます。（執達《しったつ》）・（執計《とりはからい》）・（執成《とりなし》）などの熟語と共に覚えておいてください。

次も難読です。偏はどうも「彳《ぎょうにんべん》」のようです。旁は慣れないとなかなか読めませんが「亍《チョク》」です。類似した文字には「祈」の旁などがあります。「彳《ぎょうにんべん》」に「亍《チョク》」で「行」となります。「執行」で「しゆぎょう・しぎょう」と読み、文字通り「執《と》り行う」ことです。

この箇条の意味は、**「神事・仏事ならびに祝儀や不幸ごとがあるときは、簡素に執り行いなさい」**となります。

『五人組帳前書』の冒頭の数丁を紹介しましたが、この後には「隠田の禁止」「遊興の禁止」「〆売り・〆買いの禁止」「役人への贈物の禁止」など数十項目にわたって村民の遵守すべき法規が箇条書きされています。

そして「奥書」には、庄屋が惣百姓に年に三度、正月・五月・九月にこの「五人組帳前書」を読み聞かせ、嶋村惣百姓は五人組ごとに連名・連印でこれらの法令を守ることを誓って本帳を「掛川御役所」に提出する旨が記されています。このように、五人組帳は、五人組の編成を定める帳面というより、農村・農民法規の「請書《うけがき》」（法令を確かに遵守することを約して提出される証文）として、数多く作成されました。

なお、五人組は、隣家どおし五戸、もしくは一組で持高が平均になるように組み合わされ、編成されていました。法令などでは、五人組の連帯責任が強調されますが、実際の処罰の適用例はあまりありません。各組ごとに組頭（五人組頭）がおかれ「判頭《はんがしら》」とも呼ばれていました。

全文解読

（表紙）

①「明治《めいじ》元《がん》戊辰《つちのえたつ》年《のとし》

御条目《ごじょうもく》五人組帳《ごにんぐみちょう》

十一月《じゅういちがつ》

遠州榛原郡《えんしゅうはいばらぐん》

嶋《しま》　村《むら》」

（本文）

②「定《さだめ》

③一《ひとつ》、励二忠孝一《ちゅうこうにはげみ》御法度之義《ごはっとのぎ》堅《かたく》可二相守一《あいまもるべき》

事《こと》

④ 一、切支丹宗門《きりしたんしゅうもん》猶更《なおさら》入レ念《ねんをいれ》可二相改一事《あいあらたむべきこと》

⑤ 一、人買人売停止《ひとかいひとうりちょうじ》たり、口入《くちいれ》之《の》族《やから》同罪《どうざい》
之《の》事《こと》

⑥ 一、盗賊悪党《とうぞくあくとう》并《ならびに》三笠附《みかさづけ》之《の》本人《ほんにん》をしらハ

⑦ 訴出《うったえいづ》へし、縦令《たとい》同類《どうるい》たりとも其科《そのとが》

⑧ をゆるすへき事《こと》

⑨ 一、博奕者《ばくちは》勿論《もちろん》惣而《そうじて》賭《かけ》之《の》諸勝負《しょしょうぶ》

⑩ 停止《ちょうじ》之《の》事《こと》

⑪ 一、田畑永代売停止《でんばたえいたいうりちょうじ》之《の》事《こと》

⑫ 一、山林竹木《さんりんちくぼく》猥ニ《みだりに》伐採《きりとる》間敷事《まじきこと》

⑬ 一、制禁《せいきん》之《の》場《ば》ニ《に》おゐて殺生《せっしょう》いたすもの

⑭ あらハ可二訴出一事《うったえいづべきこと》

⑮ 一、一味徒党《いちみととう》之《の》企《くわだて》すへからす、たとひ理分《りぶん》

⑯ たり共《とも》非義《ひぎ》同前《どうぜん》之《の》科《とが》たるへき事《こと》

⑰ 一、神事《しんじ》・仏事《ぶつじ》并《ならびに》祝儀不幸《しゅうぎふこう》之《の》節《せつ》茂《も》

■古文書の用紙とかたち

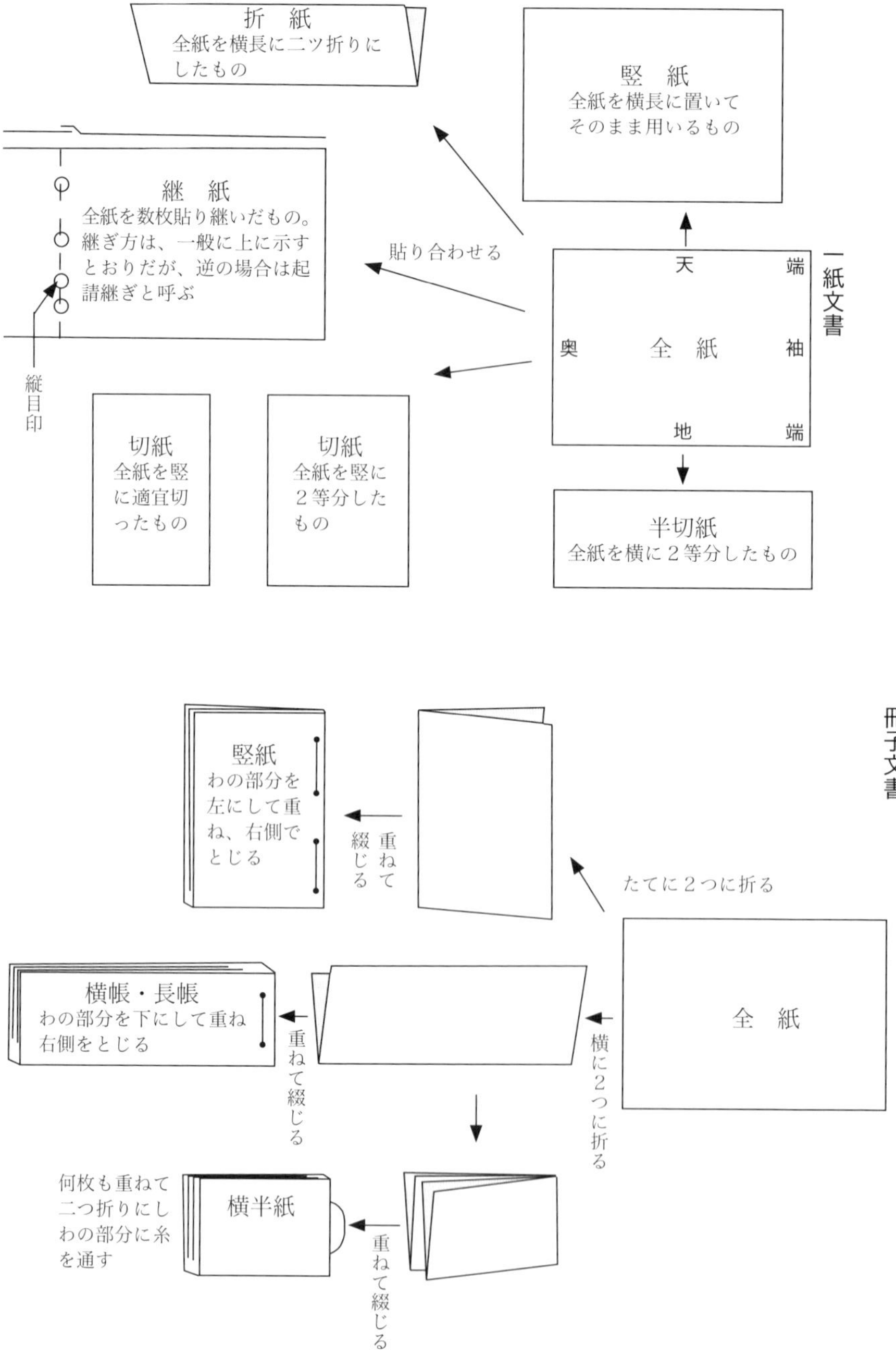

一紙文書
全紙
天
地
奥
袖
端
端
竪紙
全紙を横長に置いて
そのまま用いるもの
折紙
全紙を横長に二ツ折りに
したもの
貼り合わせる
継紙
全紙を数枚貼り継いだもの。
継ぎ方は、一般に上に示す
とおりだが、逆の場合は起
請継ぎと呼ぶ
縦目印
切紙
全紙を竪に2等分したもの
切紙
全紙を竪に適宜切ったもの
半切紙
全紙を横に2等分したもの
冊子文書
全紙
たてに2つに折る
重ねて綴じる
竪紙
わの部分を左にして重ね、右側でとじる
横に2つに折る
重ねて綴じる
横帳・長帳
わの部分を下にして重ね
右側をとじる
重ねて綴じる
横半紙
何枚も重ねて
二つ折りにし
わの部分に糸
を通す

第6章 村役人——名主退役に付き願書「乍恐書付を以奉願上候御事」宝暦八年

幕府直轄領（天領《てんりょう》・御料《ごりょう》）を治めた郡代《ぐんだい》・代官《だいかん》や、大名・旗本などの領主たちによる支配を代行し、村の政治を司った百姓を「村役人」といいます。村役人は、村方三役・地方《じかた》三役といって、おもに関東では、名主・組頭・百姓代からなり、西国では庄屋・年寄（組頭）・百姓代と呼んだといわれています。名主・庄屋は村方の代表者、法律を村民に伝達したり、年貢などの割付《わりつけ》などの業務のほかに、山野や用水の管理、村内の治安維持など、村全体の統括者でした。この役は、古くは江戸時代以前からの土豪層などが任命され世襲されましたが、時代を下るにしたがい、有力農民の年番制となり、選挙（入札《いれふだ》）によって選ばれることもありました。また、名主・庄屋は領主への届け出と承認が必要でした。組頭・年寄は、名主・庄屋を補佐する役職で、村内に分かれた各小集落や五人組頭などの有力農民の中から二、三人が選ばれました。ただし、この役については届け出をすればよいとされていました。最後に、百姓代は近世中期以降設置されるようになった役職で、名主・組頭が村政の担当者でしたが、百姓代はいわば一般百姓の代表者で、村政を司った名主・組頭の監視役でした。

本資料の駿河国駿東郡《するがのくにすんとうぐん》木《き》瀬川村《せがわむら》は近世中期以降、幕府領と荻野山中藩の相給《あいきゅう》で、名主はそれぞれ大古田家・海野家の世襲だったようです。この資料は、名主の九郎兵衛が病気を理由に息子に名主職を譲りたい、ついては村役人および村人の同意を得たので許可していただきたいという幕府代官役所あての願書です。木瀬川村は現在の沼津市東部に位置し、源頼朝がここに陣を構え、奥州から来た義経と京都に上る前に対面したことでも有名な土地です。

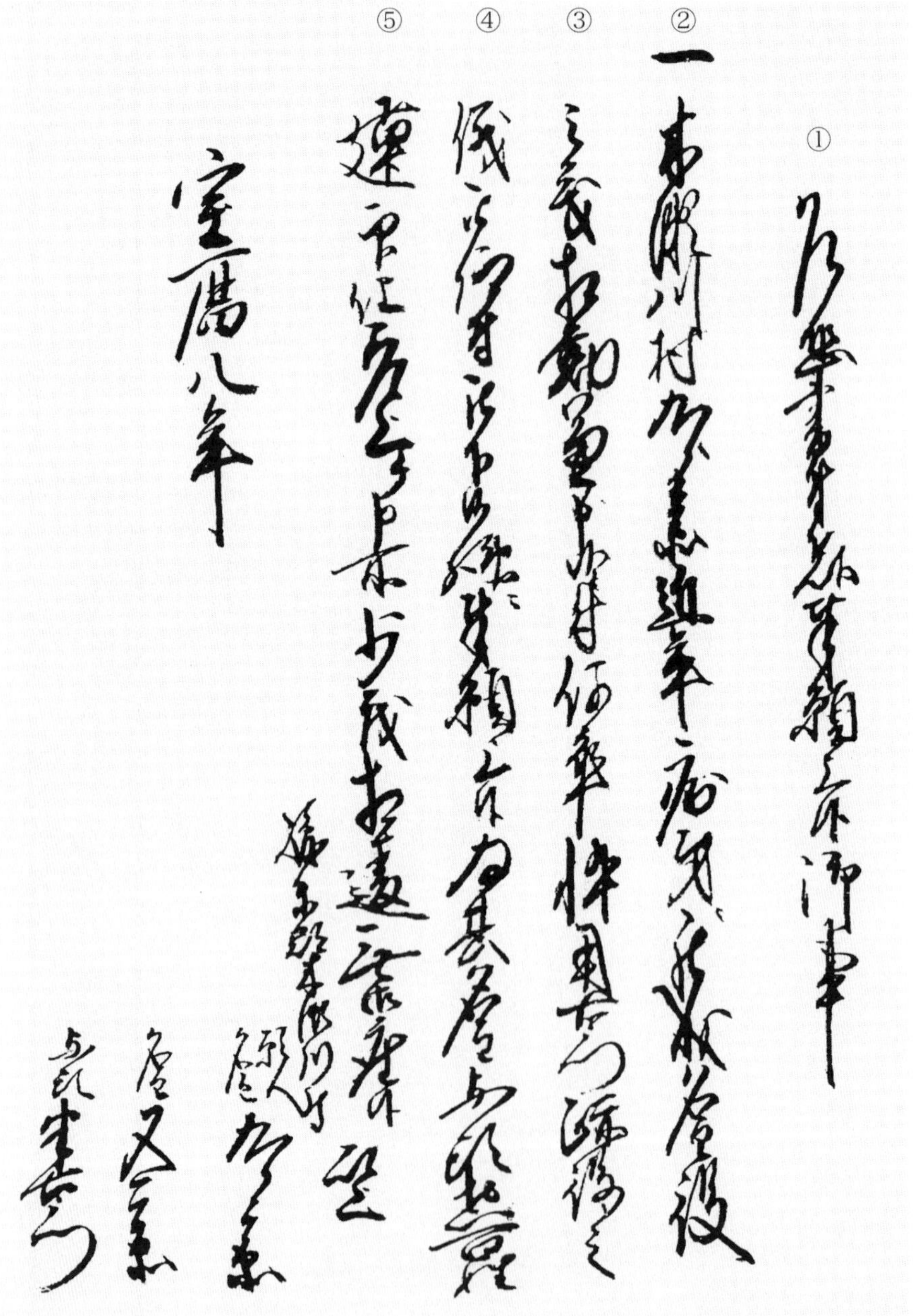
①
②
③
④
⑤
宝暦八年

（静岡県沼津市・大古田忠雄氏所蔵）

①

⑤ ⑩

この1行は本文書の表題（標題）です。柱書ともいいます。本文よりやや下げて書くのが一般的です。この1行で本資料がどのような種類・様式のものかおおよそわかります。とりあえず読んでみましょう。

1字目の「ノ」から入って一度上に戻る部分は「𠂉」です。さらに縦に伸び、右側の「3」のように書かれたは「⺊」で、すなわち「乍《ながら》」となります。これはとも書かれます。両様とも頻出する文字ですので必ず覚えてください。また、これは下から返って読む返読文字《へんどくもじ》ですので2字目を先に読みます。は上下から文字が作られています。下は「心」です。上部の左側は「工」、右側は「几」と書かれていますが、「凡」の中の点が略されています。組み合わせますと「恐《おそれ》」となります。上に返って読みますから「恐れながら」と読み下します。村民から役所などに提出する「願書《ねがいしょ》」の決り文句の冒頭部分です。「恐れ入りますが」ほどの意味です。「乍」を使った慣用句には「乍㆑憚《はばかりながら》」とか「乍㆑去《さりながら》」「乍㆑然《しかしながら》」などがあります。

3字目は「書」。次は偏と旁が接近しているのでちょっと読みづらいかもしれませんが、筆の流れを追ってみてください。左側は「亻《にんべん》」で旁は「寸」です。つまり「付」となります。「付」は・・などともくずされます。つまり「書付」で「かきつけ」と読みます。文書や書類のことです。などともくずされます。その下は仮名が書かれていますが、まずこれ1字だけを取り出しても読めないでしょう。保留しておきます。6字目は「以上」の「以」で「もって」と読みます。「書」

からここまでは常套句ですので、先ほど読めなかった文字も一連の流れで一気に読んでしまいます。「書付を以《も》って」となります。つまりは「を」（もしくは「ヲ」）だったわけです。

7字目のは頻出文字です。上部は横画が省略された「夫」。下は「キ」で「奉」と書いて「たてまつる」と読みます。これは上位の人に対する謙譲の意を表す動詞で「〜し申し上げる」という意味です。これも返読文字で、下のを先に読みます。1字目の偏は「原」です。旁は「頁《おおがい》」ですから「願」となります。2字目は現在と筆順が違いますが「上」です。「上」は先に横画から書くこともありますし、現在と同じように縦画から書きますととなります。「願上」で「ねがいあげ」と読み、「奉」に戻って、「願い上げ奉《たてまつ》り」と読み下します。その下は典型的な「候」です。さて、が別の文字の一部分として用いられている例を紹介します。一つは「達」です。似たものには頻度は低いのですが「連」もあります。それぞれ「辶《しんにょう》」が付いただけです。他に「車」や「東」も類似文字といえそうです。

最後のは「御事《おんこと》」と読みます。1字目から続けて読み下しますと、「恐《おそ》れながら書《か》き付《つ》けをもって願《ねが》い上《あ》げ奉《たてまつ》り候《そうろう》おんこと」となり、「恐れ入りますが書面にてお願い申し上げますこと」という意味になります。このように村・農民から村役人・領主に提出する文書の様式を願書といい、この表題は最も代表的な文章ですのでぜひ暗唱して下さい。

②

1字目は「一」で「ひとつ」と読みます。このように「一つ何々」という箇条書きする書き方を一つ

書きといいます。一箇条しかなくても「一《ひとつ》」とします。次の4文字は村の名前が書かれています。「木《き》瀬川村《せがわむら》」と読みます。「瀬」の「頁《おおがい》」の字体をしっかり覚えてください。④行目にもう一度出てきます。

次は人名です。「九」の次の「ら」のような文字は「郎」と読みます。ほとんど人名の場合に用いるくずしです。その下は「兵衛」で・・などとも書かれます。本例の場合は判読しづらいのですが、人名には「何右衛門」とか「何左衛門」「何助」「何郎」などといくつかのパターンを覚えてしまえば走り書きの場合でも何とか読めるものです（124頁参照）。次は「近年病身ニ」と読みます。「身」の字体に特徴があります。は語調を整える接頭語的に用いられる動詞の「罷」で「まかり」と読みます。「罷出《まかりいで》」「罷在《まかりあり》」「罷立《まかりたち》」などと用います。上の点が「罒《あみがしら》」で、下の「能」は、変体仮名で字母を「能」とする「の」と同じ字体です。次は「成」ですので「罷《まか》り成《な》り」と読みます。ここまでを読み下しますと、「木《き》瀬《せ》川《がわ》村《むら》九《く》郎《ろ》兵《べ》衛《え》近《きん》年《ねん》病《びょう》身《しん》に罷《まか》り成《な》り」となります。

行末は「名主役」です。「主」は一般的に・・などと書きます。

③

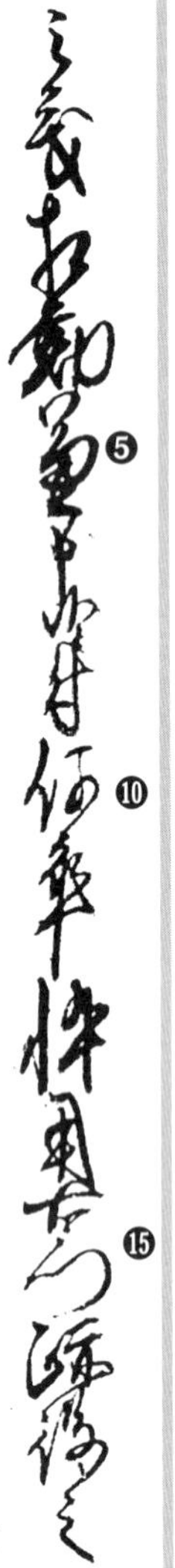

冒頭は「之義《のぎ》」と読みます。「～のことは」と訳すと良いでしょう。3字目は「扌《てへん》」に読めます。旁は片仮名の「マ」に似ています。これは「木《きへん》」に「目」で語調を整える接頭語の「相《あい》」です。これを、見た目どおり「扌《てへん》に片仮名のマ」と覚えるのも一つの手です。次は偏と旁に分けて考えます。偏の

上部は「艹《くさかんむり》」です。その下は「口」に、本来は3本の横画に縦画が貫くのですが省画されています。つまり「堇」のくずし字です。旁は「力」ですから「勤《つとめ》」となります。

5字目は難読文字です。これは上・中・下に分けて考えます。上部のは「䒑」、中央部のは「⺕」、下部は横画1本ですがこの部分の判断が非常に理解しがたいところです。「䒑一⺕」で「兼」となります。実はこれは「兼」で古文書では打消しの意味を持って「かね」と読みます。「～しかねる」の「かね」で当て字です。とも書かれますがこれなら比較的容易に読めるのではないでしょうか。なお、下部が「灬《れんが》」のようになる字体も頻出します。これは隷書体の草体のようです。以下は「丸に縦棒」で「申《もうす》」。次は典型的な「候」。その右下には小さく「ニ」、「亻《にんべん》」に「寸」で「付」、続けて読みますと「相勤《あいつとめ》兼申《かねもうし》候《そうろう》ニ《に》付《つき》」となります。前行冒頭から文意を考えますと、「(私) 木瀬川村の九郎兵衛は最近病気になり、名主役を勤められなくなったので」となります。

次は「何卒」と書いて「なにとぞ」と読みます。「亻《にんべん》」に「可」で「何」。12字日は「忄《りっしんべん》」に旁を「九＋《プラス》十」と書いて「忰《せがれ》」と読みます。自分の息子をへりくだっていう言葉です。他に「せがれ」と読む漢字には「躮」「伜」があります。ちなみに「忰・伜」は「悴・倅」の俗字体（異体字）です。せがれの名前が次に書かれています。「用右衛門」と読みます。「用」は第1画目の縦画が省略されることがよくあります。このように第1画目が省略されるくずし字には「中」「早」などがあります。さて、「右衛門」のくずしについては124頁に何例か掲載しましたし、本文書でも後半に名主以下11人の名前が並んでいますので読み慣れるようにして下さい。

さて、ですが、旁の「亦」は判読できると思います。偏は・（言偏と類似）とも書きま

すが「⻊《あしへん》」です。つまり「跡」で、「跡株《あとかぶ》」「跡式《あとしき》」「跡形《あとかた》」などと用います。さらにくずしますととなります。は「彳《ぎょうにんべん》」に「殳」で「役人」の「役」です。「跡役《あとやく》」とは、前任者の役職を受け継ぐこと、つまり後継者のことです。最後は助詞の「之《の》」です。

④

1字目は「儀」で、前行末の「之」とともに「之儀《のぎ》」で、③行目の「之義《のぎ》」と同様の用法です。2字目以下は「被仰付被下候様ニ《おおせつけられくだされそうろうように》」と読みます。は受身・尊敬の助動詞「被《る・らる》」で・・・などともくずされます。返読文字ですのでその下の文字を先に読みます。は「仰《おおす》」です。「仰」の典型的なくずし方にはおおむねとの2種類があります。本例は後者です。次の文字とともに「仰付」で「おおせつけ」と読み、「被」に戻りますので「おおせつけられ」と訓じます。5字目も2字目と同字です。「下《くだす》」は読めますね。「被下」で「くだされ」と読みます。7字目は典型的な「候」。は「様《よう》」です。「様」は「〜のよう」のほかに、人名に付く敬称の「様《さま》」もありますので、相手によって種々にくずされます。いくつか例をあげましょう。

さて「様」の右下の小字「二」を見落とさないように注意して下さい。「仰《おお》せ付《つ》けられ下《くだ》されそうろうように」で「命じてくださいますように」となります。10字目から4文字は表題にもありましたので説明は省略します。

①行目からの意味を現代語訳してみましょう。「一つ、私こと木瀬川村の名主九郎兵衛は近年病床についていて、名主役を勤めることができませんので、どうか、息子の用右衛門に後任をご命じくださいますようお願い申し上げます」となります。つまり、この村では代々名主を世襲していると判断できます。

14字目以下には「名主役交替」の場合の条件が書かれています。は「為」です。これも・・・・・などとさまざまにくずされます。「為」は「～のため・～として・たる・す（せ）なす」などと読みますが、この場合は1番目の意味で、返読文字ですので下のから先に読みます。「共」にも見えますが、横画が略された「其《その》」です。第5章98頁⑦で「其」のくずし方が出てきましたが、そのほうが頻度は高いように思います。ここは「そのため」と読み、以下に名主九郎兵衛がとった行為が記されています。

は「名主」です。次にと書かれていますがこれは「与頭《くみがしら》」と読みます。「組頭」のことですが、「与」は訓読みで「くみする」ですので、その「くみ」をとって「くみがしら」と読ませるのでしょう。なお「頭」のくずし字も特徴がある字体ですのでしっかり覚えてください。この他に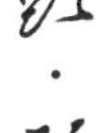・・などとくずされます。偏の「豆」にかなりな省画が見られます。また、旁の「頁《おおがい》」は典型的なくずし方で、②行目の「瀬」の旁と同じくずし方です。また、すでに2度出ました

「願」の旁でも同様のくずし字が用いられます。後半下段の人名で「九郎兵衛」の肩書き「願人」の「願」の旁も同じ字体です。必ず覚えなくてはならないくずしの一つです。

行末は、「惣百姓」と読みます。「惣」は上部が「物」で下部が「心」です。百姓全員という意味です。ただし本資料の後半に並べられた名前の数からして「惣百姓」というよりその代表者のようです。

⑤

冒頭のは「連」ではなく「蓮」です。の部分が「艹《くさかんむり》」です。「連」はしばしば「蓮」と書かれますが、意味は変わりません。2字目は典型的な「印」です。独特な字体ですのでぜひ覚えてください。次は、「亻《にんべん》」に「士」で「仕《つかまつる》」と読みます。「〜する」の意の謙譲語です。3文字で「蓮印仕《れんいんつかまつ》り」と読み下します。

4字目は「差《さし》」ですが、頻出する文字です。くずし方には・・・・などがあり、用語としても「差上」「差留《さしとめ》」「差図《さしず》」「差支《さしつかえ》」などがあります。また、類似したくずし字には「着」があります。8字目は「所」と読みます。「前」の上の点が略されたような字体をしています。「差《さし》上《あ》ケ《げ》申《もうす》所《ところ》」で「差し上げますことは」という意味です。

9字目は「少」です。右肩の点は本来3画目ですが、最後に書かれています。現代と同じ筆順でなどと書かれることもありますが、本例のように最後に右肩に点が打たれるケースの方が一般的なようです。10字目は変体仮名「も」で、字母漢字は当然「茂」です。ここでは下に打消しの語を伴う「少しも」という副詞の一部に使用されています。次は、③行目でも出てきました「扌《てへん》に片仮名のマ」で「相」です。遠は「麦にしんにょう」で「違」の異体字「遠」です。2文字で「相違《そうい》」と読みます。13字目は返読文字の「無《なし》」です。下の文字から読みますから「御座無《ござな》く候《そうろう》」となります。「少しも相違御座なく候」は頻出する慣用句ですからぜひ覚えてください。行末は箇条書きなどの最後に記す「以上」です。④行目「為」以降の文意は、「そのために名主・組頭・惣百姓が連印して差し出しますことに全くまちがいありません」となります。

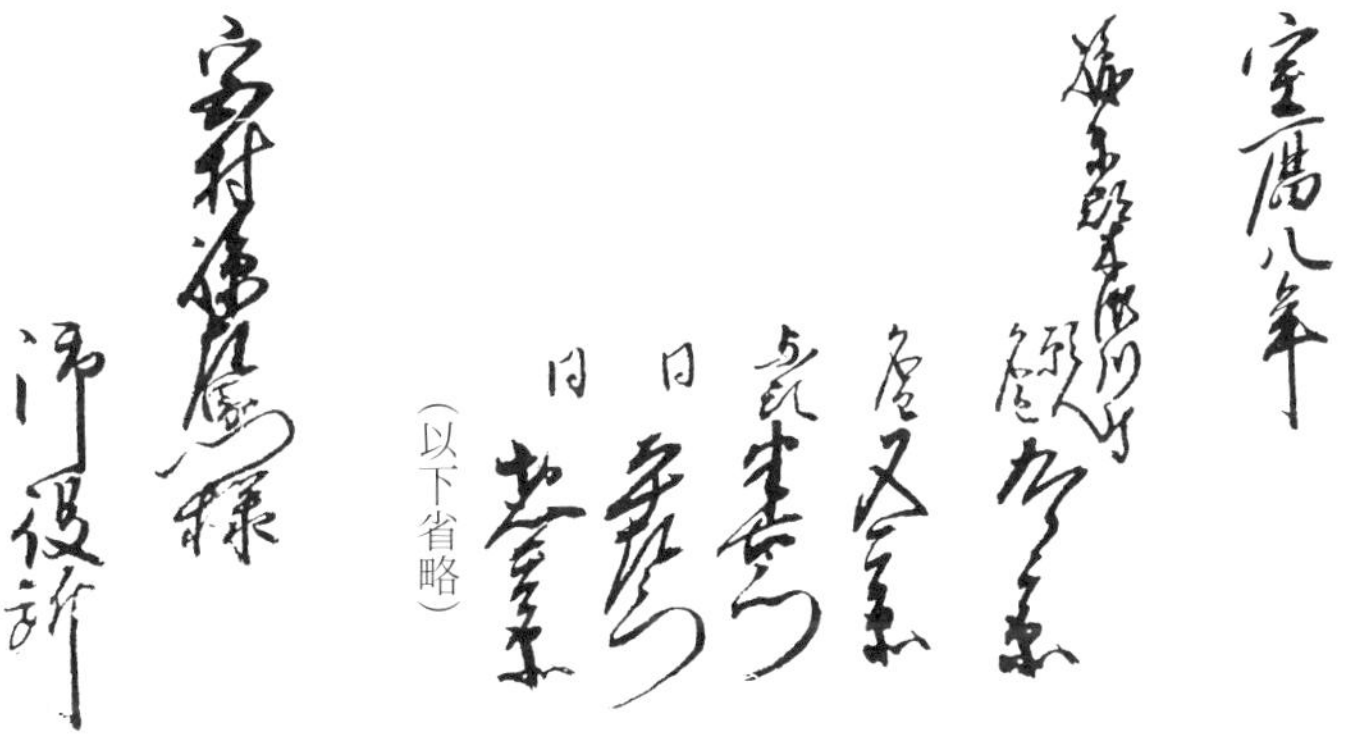

（以下省略）

以下には、本資料が書かれた年度、差出人と宛書が書かれています。いくつか筆法の点で注意したいところを説明しておきます。

年号の「宝暦」ですが、「宝」の「玉」が「王」に書き違えています。「暦」の中央部「林」の字体に注意しましょう。

差出人の肩書きは走り書きされる場合が多いので、地図や地名字典で確認する必要があります。人名は「右衛門」と「左衛門」の違い、「兵衛」のくずし方などに注意し、解読文と照らし合わせてみてください。なお、本資料の差出者の人名の下に印鑑がないことから判断して、これは控えもしくは下書きと推測されます。

さて、宛書ですが、1字目の「宮」の字体に注意してください。「宀《うかんむり》」は問題ありませんが、「呂」が数字の「五」と同様に書かれます。また、「孫」は「子《こへん》」が判断できれば、旁は「糸」のように書かれているので「孫」と判読できるのではないでしょうか。

この宮村孫左衛門は実名を高豊《たかとよ》といい、元文五年（一七四〇）より幕府代官を勤めた廩米《りんまい》百五十俵取りの旗本でした。部下の手代《てだい》や出入りの商人の不祥事が相次ぎ、天明八年（一七八八）十月に免職、流罪となってしまいました。

全文解読

乍レ恐《おそれながら》書付《かきつけ》を以《もって》奉二願上一候《ねがいあげたてまつりそうろう》御事《おんこと》

一《ひとつ》、木瀬川村《きせがわむら》九郎兵衛《くろべえ》近年病身ニ罷成《きんねんびょうしんにまかりなり》、名主役《なぬしやく》之義《のぎ》相勤兼申候ニ付《あいつとめかねもうしそうろうにつき》、何卒悴用右衛門跡役之《なにとぞせがれようえもんあとやくの》儀《ぎ》被二仰付一被レ下候様ニ奉二願上一候《おおせつけられくだされそうろうようにねがいあげたてまつりそうろう》、為レ其名主《そのためなぬし》・与頭《くみがしら》・惣百姓《そうびゃくしょう》蓮印仕《れんいんつかまつり》差上ケ申所《さしあげもうすところ》、少茂相違無二御座一候《すこしもそういござなくそうろう》、以上《いじょう》

宝暦八年《ほうれきはちねん》

駿東郡木瀬川村《すんとうぐんきせがわむら》

願人名主《がんにんなぬし》　九郎兵衛《くろべえ》

名主《なぬし》　又兵衛《またべえ》

与頭《くみがしら》　半右衛門《はんえもん》
同《どう》　平左衛門《へいざえもん》
同《どう》　惣兵衛《そうべえ》
百姓代《ひゃくしょうだい》　五兵衛《ごへえ》
百姓《ひゃくしょう》　与兵衛《よへえ》
六左衛門《ろくざえもん》
九左衛門《きゅうざえもん》
彦右衛門《ひこえもん》
源次郎《げんじろう》

宮村孫左衛門様《みやむらまござえもんさま》
御役所《おやくしょ》

■人名一覧

右衛門

宇右衛門　加右衛門　喜右衛門　源右衛門　甚右衛門　十郎右衛門　傳右衛門　武右衛門　松右衛門

左衛門

伊左衛門　喜左衛門　儀左衛門　五郎左衛門　重左衛門　庄左衛門　助左衛門　藤左衛門　弥左衛門　与左衛門

兵衛

市兵衛　吉兵衛　久兵衛　五郎兵衛　七兵衛

郎

亀太郎　喜三郎　佐太郎　宗五郎　弥九郎

蔵

栄蔵　源蔵　清蔵　仙蔵　平蔵

助・介

勘助　忠助　半助　良助　要介　弥介

一・十

助一　又三　平六　善七　清八　長十

吉

梅吉　圓吉　佐吉　留吉　万吉

次・治

伊平次　喜平次　小平次　忠次　才治　八十治

その他

三平　佐市　兼松　治太夫　六太夫　与作　岩之丞　宮内

女性名

あさ　いそ　かね　きの　さた　しん　ひち　むめ　れん

第7章 年貢——年貢割付状「割付之事」天保八酉年十二月

近世社会建設のための経済体制づくりに最も重要な役割を果たしたのは豊臣秀吉による太閤検地だといわれます。それまでの戦国大名が検地を領内に施行し、土地を貨幣で評価するいわゆる「貫高《かんだか》制」を行っていましたが、秀吉は田畑屋敷地を米の生産量である石高で評価する「石高《こくだか》制」を敷きました。江戸幕府はこれを継承し、新たな農民収奪体系が確立したのです。

幕藩領主の農民収奪は個々の農民層を直接対象としたわけではなく、村を単位に年貢を賦課しました。これを年貢村請制《むらうけせい》といいます。江戸時代の貢租は年貢と諸役に大別されます。年貢（本年貢・本途物《ほんともの》成《なり》）は検地帳に名請《なうけ》された田畑屋敷地に課せられた基本的な農民負担税で、諸役は小物成《こものなり》・高掛物《たかがかりもの》・夫《ぶ》役《やく》など雑税をいいます。村単位で年貢を賦課する文書を一般的に「年貢割付状《ねんぐわりつけじょう》」といいます。この形式と内容は時代や領主により異なっていました。また、割付状は「年貢割付之事」「可納割付之《おさむべきわりつけの》事《こと》」「免状《めんじょう》」「免相《めんあい》之《の》事《こと》」などさまざまな表題がつけられています。

割付状にはおおむね次の事項について記されます。はじめに村高・田畑反別・諸引（免税）・有高・年貢率・年貢高、さらに小物成・浮役《うきやく》などの諸役、幕府領では高掛三役（六尺給米《ろくしゃくきゅうまい》・御蔵前入用《おくらまえにゅうよう》・御《お》伝馬宿入用《てんましゅくにゅうよう》）が加えられ、最後にその合計した納入総額と期限が記されます。これを請け、村では「名寄帳《なよせちょう》」に基づいて各農民の持高に応じて「年貢小割帳《ねんぐこわりちょう》」を作成しました。村に割り当てられた年貢を納めますと「年貢皆済目録《ねんぐかいさいもくろく》」が発給されます。

郷沢

③ 一、高四百八石三斗二升七合九夕　田方
　　　　　　　　　　　　　　　　　捨弐蔵三夕

④ 残四百五石六弁壱合九夕

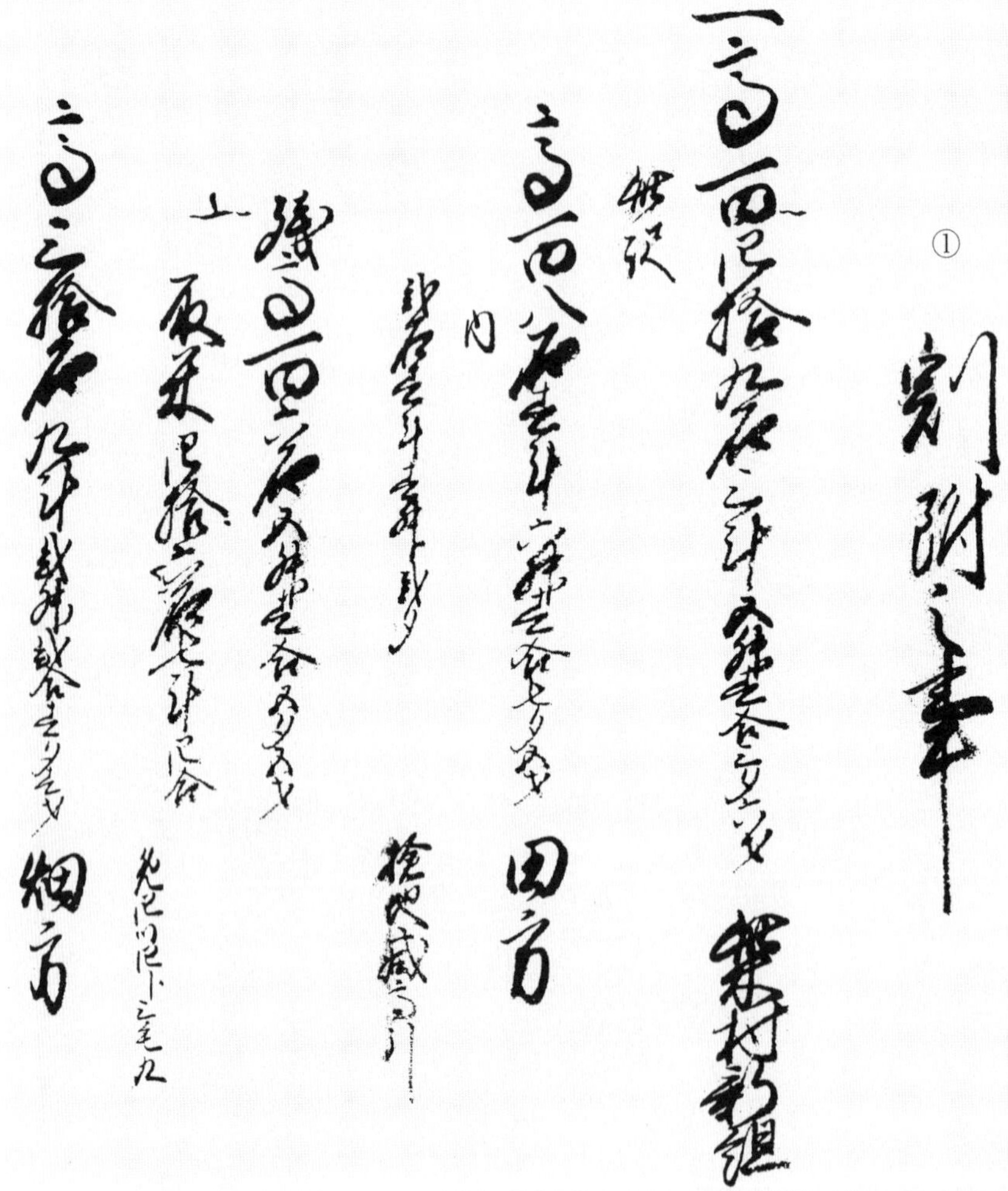

⑲ ⑱ ⑰ ⑯ ⑮ ⑭ ⑬ ⑫ ⑪ ⑩

残米合五拾九石三斗六升弐合
但口米壱石六斗九升五合
二口合米六拾壱石七合
但俵百五拾弐俵壱斗弐升弐合
右之通当国衆御残置相究通相渡
大小之百姓立合吉田之合別紙極申候

㉖ ㉗

天保八酉年
十二月

右村
名主
組頭
百姓代
中

（静岡県立中央図書館歴史文化情報センター提供・袋井市　田代彰氏所蔵）

①

表題は「割附《わりつけ》之《の》事《こと》」とあります。もちろん年貢割付状のことです。「割」は標準的なくずし方ですので必ず覚えておかなくてはいけない字体です。「附」は常用漢字表にあり、現在の表記では「附属」などという場合に用いますが、それ以外では「付」が用いられます。江戸時代では区別して用いているようにはみえません。

②

「一《ひとつ》」として、村高と村名が記されています。「高《たか》百四拾九石三斗五升壱合三勺六才」で村は「柴《しば》村新組《むらしんぐみ》」とあります。「高」は上に点がないと「馬」というくずしになります。「柴」は上部が「此」のくずしになっています。下部が「木」なら「柴」、「糸」なら「紫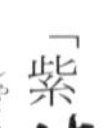」です。ここで量（容積）の単位をくずし字とともに覚えてください。「石《こく》」「斗《と》」「升《しょう》（舛）」「合《ごう》」「勺《しゃく》（夕）」「才《さい》」となります。「舛」「夕」はそれぞれ別字ですがくずし字ではよく用いられます。さて、「柴村新組」ですが、遠江国《とおとうみのくに》山名郡にあり現在は袋井市（旧浅羽町）で「浅羽三十三ヶ村」の一つです。「柴村」は天保年間は旗本・皆川森之助と菅谷《すげがや》兵庫の相給《あいきゅう》の村で、采地（知行地）は南組・北組・新組の3組に分かれていて年貢割付状もそれぞれ別に発給されました。

③
④
⑤
⑥

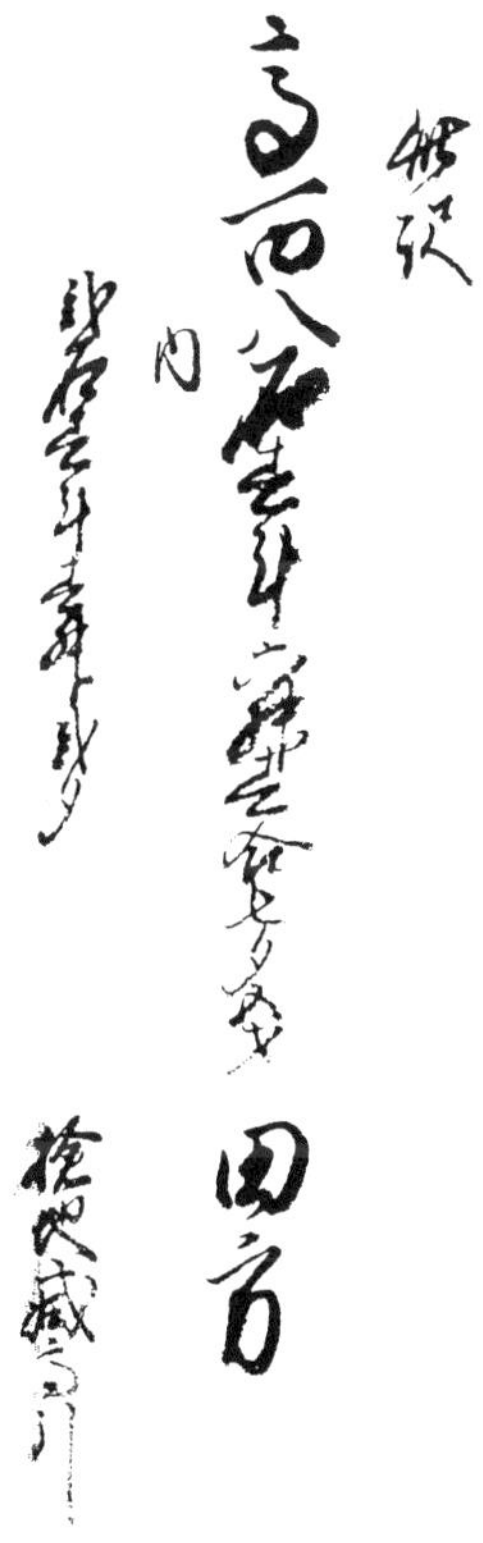

③行目に「此訳《このわけ》」とあり、以下に②の石高の内訳が書かれています。はじめは田地の石高です。「高百八石壱斗六升壱合七勺五才　田方《たかた》」です。その「内」の「弐石壱斗壱升弐勺」が「検地減高引《けんちへりだかびき》」とあります。つまり検地のさいの誤差およそ2パーセントを差し引いているわけです。

⑦
⑧

⑥行目で減税がありましたのでここで「残高《ざんだか》」として差し引いた石高が記されています。「百六石五升壱合五勺五才」で、年貢として払う「取米《とりまい》」は「四拾六石七斗四合」で、年貢率である「免《めん》」は小さく書かれていて読みにくいので拡大しますと「免四ツ四分三毛九」と書かれています。「四ツ」は「四割」のこと、片仮名の「ト」は「分」の異体字、「九」のあとに「糸《し》」

という単位が省略されています。結局年貢率は四四・〇三九パーセントとなります。実際に計算してみます。⑦の残高106051.55合に0.44039を掛けますと、46704.04合となり、小数点以下（勺・才）を切り捨てますと四十六石七斗四合となります。

⑨ 

⑩

⑪ 

次は畑方の石高です。「高三拾石九斗弐升弐合壱勺壱才　畑方《はたかた》」とあります。この「内《うち》」「郷蔵屋鋪《ごうぐらやしき》引《びき》」として「五升壱合壱勺壱才」と記されています。この分が畑方の高から引かれるのですが、「郷蔵屋鋪」というのはたんに「郷蔵《ごうぐら》」ともいい、飢饉などの災害や不作のときのために米を貯えておくための蔵や建物です。

⑫ 

⑬ 

⑪の「郷蔵屋鋪」の分を差し引いた「残高」は、「三拾石八斗七升壱合」で年貢として納める「取《とり》

米《まい》」は「拾石六斗六合」です。この年貢率つまり「免」はどれほどでしょう。「免三ツ四分三厘五毛六」とあります。つまり三四・三五六パーセントです。こちらも同様に計算してみますと、ほとんど誤差がありません。

⑭  

次の石高は新たに開墾された田畑のようです。「高拾石二斗六升七合五勺　新田畑」とあります。一般に新たに開発された土地には税がかからなかったり、税率が低い場合が多いのですがここはどうでしょうか。⑮行目以下を読んでみましょう。

⑮ 

⑯  

⑰  

新田畑の「内訳《うちわけ》」は、「高壱斗九升三合九勺八才　田方」で、その年貢である「取米」は「三升八合」です。「免」は「免壱ツ九分六厘」とありますが、これも計算どおりです。字体としては⑯行目の「高」が「馬」と酷似していますが、文書の性格上「高」以外には考えられません。

これは「新田畑」の田地部分の年貢の表記ですが、次に畑部分の年貢額が記されています

⑱ 

⑲ 

「新田畑」における畑地の石高は「高拾石七升三合五勺弐才　畑方」で、その年貢は「取米壱石九斗六升四合」とあります。年貢率は「免壱ツ九分四厘九毛弐」です。つまり一九・四九二パーセントです。これも検算しますと、壱石九斗六升三合五勺三才ですので、五勺以下を四捨五入しているようです。

⑳ 

㉑ 

「取米」の総石数は「合《あわせて》　五拾九石三斗壱升弐合」です。「田方」⑧、「畑方」⑬、および「新田畑」の「田方」⑰、同じく「畑方」⑲の取米を合わせますと、ほぼこの数字になります。これに年貢を納めるさいの目減り分をあらかじめ見込んで付加した「此口米《このくちまい》」の「壱石六斗九升五合」を足した数字

がこの村が納める年貢です。次の行にそれが書かれています。

㉒ 

㉓ 

冒頭は「二口合《ふたくちあわせて》」で、この村が収納するべき年貢がその下に書かれています。「米六拾壱石七合」ですが、これを俵に入れて納めるわけですが、その場合の俵数が㉓行目に書かれています。「此俵《このたわら》百七拾四俵壱斗弐升弐合」ですから、1俵あたり三斗五升ほどです。『地方凡例録《じかたはんれいろく》』という江戸時代の田制・税制をはじめ農政全般について解説されている書籍によりますと「関東の国々壱俵を三斗五升入」とありますから同量の俵入れということになります。

㉔ 

はじめの「右之通《みぎのとおり》」は問題なく読めるでしょう。「當」は「当」の旧（正）字で、「今年」という意味です。5字目は虫損で読みづらいのですがたいていここでは干支《えと》がきますので十二支のどれかを考えましたら「酉《とり》」以外はみあたりません。「当酉年」で「とうとりのとし」と読みます。次は「御取箇《おとりか》」と読みます。「箇」は「⺮《たけかんむり》」に「固」ですが、「固」の「口《くにがまえ》」が左右の点になっているところに特徴があります。「国」や「圖（図）」なども同様です。「取箇」は「年貢」のことです。10字目以下は「相究候通《あいきめそうろうとおり》」と読みますが、「究」の下部「九」が「丸」と書かれている点、「候」が「究」にくっついていて見落としやすい点に注意しましょう。**「右のとおり今年酉の年の年貢を決めましたとおり」**の意味です。行末は「村中《むらじゅう》」です。

㉕

「大小之百姓立会《だいしょうのひゃくしょうたちあい》」は、百姓全員が立ち会っての意味です。は「会」の旧（正）字「會」のくずしで、「𠆢《ひとがしら》」に「専」のくずしを書きます。は「無㆓甲乙㆒《こうおつなく》」と読み、区別なく、差別なくの意味です。11字目は使役・尊敬の助動詞「令《しむ》」で下から「令㆓割賦㆒《かっぷせしめ》」と読みます。行末は「極月《ごくげつ》十五日」で「極月」は「十二月」のことです。

㉖

冒頭は前行から続いて「以前《いぜん》」と読み、「皆済可㆑仕候《かいさいつかまつるべくそうろう》」と続きます。「済」は不鮮明で読みづらいかと思いますので一般的なくずし方を示しますとですが、などともくずされます。さて、㉔行目「村中」以下の文意は、**「村中の百姓全員が立ち会って差別なく割り振って十二月十五日までにすべて納めなさい」**となります。

8字目は「艹《くさかんむり》」に「右」で「若」と書いて「もし」と読みます。次は返読文字の「於《おいて》」で下から返って読みます。どこまで先に読むかといいますと「油断《ゆだん》仕《つかまつり》」と読んで「において」と返ります。すなわち「油断仕《ゆだんつかまつ》るにおいて」と読み、の「者《は》」につながります。つまり「仕《つかまつ》るにおいては」となります。は「急度」で「きっと」と読み、「厳しく」の意味です。行末は当然の意の助動詞「可《べし》」で、次の行から返って読みます。

㉗ 

1字目は尊敬・受身の助動詞「被《る・らる》」でこれも下から返って読みます。その下が1字分あいているのは敬意を表す欠字《けつじ》です。は「仰付《おおせつけ》」で前行末の「可《べし》」まで返って「おおせつけらるべき」と読みます。「者」は当て字で「もの」と読み、最後は平仮名の「や」と書く「也《なり》」です。前行「若」から読み下しますと「もし油断《ゆだん》仕《つかまつ》るにおいてはきっと仰《おお》せ付《つ》けらるべきものなり」となり、文意は「もし油断して納入しなかったならば厳しい罰を命じます」となります。

最後に発給年月日・差出人・宛書を読んでおきます。

「**天保《てんぽう》八酉年《とりのとし》十二月**」は西暦一八三七年です。「天保の大飢饉」の数年後であり、明治維新まであと三十年余です。差出人は「**金井右源太㊞**」「**伊藤善右衛門㊞**」で、宛先は「**右村　名主・組頭・百姓代中**」となっております。この地域は関東で一般的にいうところの「名主」を「庄屋」と呼んでいますが、柴村など浅羽地域の一部では「名主」の名称が使われていました。

全文解読

① 割附《わりつけ》之事《のこと》

② 一《ひとつ》、高百四拾九石三斗五升壱合三勺六才《たかひゃくよんじゅうきゅうこくさんとごしょういちごうさんしゃくろくさい》　柴村新組《しばむらしんくみ》

③ 此訳《このわけ》

④ 高百八石壱斗六升壱合七勺五才《たかひゃくはちこくいっとろくしょういちごうしちしゃくごさい》　田方《たかた》

⑤ 内《うち》

⑥ 弐石壱斗壱升弐勺《にこくいっといっしょうにしゃく》　検地減高引《けんちへりだかびき》

⑦ 残高百六石五升壱合五勺五才《ざんだかひゃくろっこくごしょういちごうごしゃくごさい》

⑧ 取米四拾六石七斗四合《とりまいよんじゅうろっこくしちとよんごう》　免四ツ四分三毛九《めんよっつよんぶさんもうきゅう》

⑨ 高《たか》三拾石《さんじっこく》九斗《きゅうと》弐升《にしょう》弐合《にごう》壱勺《いっしゃく》壱才《いっさい》　畑方《はたかた》

⑩ 内《うち》

⑪ 五升《ごしょう》壱合《いちごう》壱勺《いっしゃく》壱才《いっさい》　郷蔵屋鋪引《ごうぐらやしきびき》

⑫ 残高《ざんだか》三拾石《さんじっこく》八斗《はっと》七升《しちしょう》壱合《いちごう》

⑬ 取米《とりまい》拾石《じっこく》六斗《ろくと》六合《ろくごう》　免《めん》三ツ《みっつ》四分《よんぶ》三厘《さんりん》五毛《ごもう》六《ろく》

⑭ 高《たか》拾石《じっこく》弐斗《にと》六升《ろくしょう》七合《しちごう》五勺《ごしゃく》　新田畑《しんでんばた》

⑮ 内訳《うちわけ》

⑯ 高《たか》壱斗《いっと》九升《きゅうしょう》三合《さんごう》九勺《きゅうしゃく》八才《はっさい》　田方《たかた》

⑰ 取米《とりまい》三升《さんしょう》八合《はちごう》　免《めん》壱ツ《ひとつ》九分《くぶ》六厘《ろくりん》

⑱ 高《たか》拾石《じっこく》七升《しちしょう》三合《さんごう》五勺《ごしゃく》弐才《にさい》　畑方《はたかた》

⑲ 取米《とりまい》壱石《いっこく》九斗《きゅうと》六升《ろくしょう》四合《よんごう》　免《めん》壱ツ《ひとつ》九分《くぶ》四厘《よんりん》九毛《きゅうもう》弐《に》

⑳ 取米《とりまい》合《あわせて》五拾九石《ごじゅうきゅうこく》三斗《さんと》壱升《いっしょう》弐合《にごう》

㉑ 此口米《このくちまい》壱石《いっこく》六斗《ろくと》九升《きゅうしょう》五合《ごごう》

㉒ 二口《ふたくち》合《あわせて》米《こめ》六拾壱石《ろくじゅういっこく》七合《しちごう》

㉓ 此俵《このたわら》百七拾四俵《ひゃくしちじゅうよんぴょう》壱斗《いっと》弐升《にしょう》弐合《にごう》

㉔ 右之通《みぎのとおり》当酉年《とうとりのとし》御取箇《おとりか》相究候通《あいきめそうろうとおり》、村中《むらじゅう》

㉕ 大小之百姓立会《だいしょうのひゃくしょうたちあい》、無㆓甲乙㆒《こうおつなく》令㆓割賦㆒《かっぷせしめ》、極月十五日《ごくげつじゅうごにち》

㉖ 以前皆済可㆑仕候《いぜんかいさいつかまつるべくそうろう》、若於㆓油断仕㆒者《もしゆだんつかまつるにおいては》急度《きっと》可㆑《おおせ》

㉗ 被㆓仰付㆒《つけらるべき》者也《ものなり》

天保八酉年十二月《てんぽうはちとりのとしじゅうにがつ》

金井右源太《かないうげんた》㊞

伊藤善右衛門《いとうぜんえもん》㊞

右村《みぎむら》

名主《なぬし》

組頭中《くみがしらちゅう》

百姓代《ひゃくしょうだい》

第8章 鉄炮——威し鉄炮拝借に付き願書「乍恐書付ヲ以奉願上候」寛延弐年巳八月

近年とみに猪や鹿・猿・熊などが村里までおりて来て、畑作物を荒らすというニュースを耳にしますが、その原因は、人間が動物の生活圏にまで入り込んだとか、山の自然が破壊され餌になる木の実などが減少したためだとか、開発で彼らの生活する地域が狭まっているとか、諸説紛々ですが、江戸時代でも鳥獣が村里に下りてきて作物に被害を及ぼすことがしばしばありました。

本来、江戸時代では豊臣秀吉の刀狩令を踏襲して、武士と猟師以外の鉄炮所持は厳しく禁じられました。しかし、猪・鹿など鳥獣の被害から田畑を守るために、所有権は認められませんでしたが、一定の制限のもとに鉄炮の所持が許可されることになりました。これを「威鉄炮《おどしでっぽう》」といい、「拝借鉄炮《はいしゃくでっぽう》」とか「預《あずかり》鉄炮」ともいいます。これとは別に、文政期以降の関東の治安悪化のなかで、いわゆる法を蔑ろにする「無宿者」の取締り強化にさいし鉄炮の所持が許されました。これを「用心鉄炮」といいます。「威鉄炮」には原則として実弾を込めることができませんでしたが、「用心鉄炮」は装填が許されました。

また、「威鉄炮」を借用するときには毎年支配役所に預証文を提出し、乱用しないことを誓約しなくてはなりませんでした。また、捕獲した頭数を報告させる藩もありました。許可の期間には「二季《にき》打鉄炮《うちてっぽう》」と「四季打鉄炮《しきうちてっぽう》」があり、前者は七月に、後者は翌年の正月に証文を差し出さなくてはなりませんでした。

①　差上申書付ヲ以奉願之事

②　一当村之儀近村ゟ山多ク御座候ニ付、猪鹿多ク出

③　田畑作毛荒し百姓難儀仕候、依之四季打

④　鉄炮御拝借被為仰付候ハヽ難有奉存候以上

寛延弐年巳八月

高麗郡[illegible]村

願人

名主　八兵衛（印）

組頭　庄右衛門（印）

同　八右衛門（印）

（藤沢市文書館・三觜家文書）

①

❺

この文書の表題ですが、願書のもっともポピュラーな常套的表現です。はじめの2字は下から「乍レ恐《おそれながら》」と読みます。相手が自分より身分が上の役人や役所などに対して敬意を表して用いられます。「乍」のくずしにはという書き方もあります。4字目の「付」の「亻《にんべん》」は、左上に小さく「ク」のように書かれるところに特徴があります。5字目は、一般的にはと書く片仮名の「ヲ」です。次は「以上」の「以」で「もって」と読みます。「書付ヲ以《かきつけをもって》」で「書面にて」という意味です。

7字目のは頻出する文字で「奉《たてまつる》」と読みます。ただし下から返って読む返読文字ですから、「〜したてまつり」となり謙譲の意味を含んで「〜し申し上げます」と訳すとよいでしょう。

さて、ですが、偏の上部が「厂《がんだれ》」で下部のが「泉」です。つまり「原」で、旁が「頁《おおがい》」ですから「願」となります。次の「上」は読めますね。最後は典型的な「候《そうろう》」のくずしです。通して読み下しますと、「恐《おそ》れながら書付《かきつけ》をもって願《ねが》い上《あ》げ奉《たてまつ》りそうろう」となります。

②

本文は一つ書きで始まっています。はよく出てくる文字です。「当座」「当地」「当年」などあげればきりがありません。「この」「ここ」「いま」などの意味があります。間違えやすい言葉に「当時《とうじ》」があります。現代では過去をさす場合に用いますが、江戸時代では「現在」の意味に用います。はじめの部分は「当村之儀《とうそんのぎ》」と読みます。「儀」の旁は「我」に似ています。

6字目からは比較的読み易いので一気に読んでしまいます。「近村二山多ク御座候二付《きんそんにやまおおくござそうろうにつき》」となります。注意点は「二」「ク」「二」の小さく書かれた片仮名を読み落とさないことです。17字目は「渡」と読みます。旁が「度」のくずしですが「夏」のくずしに似ています。さて、「渡」はとも書きますので一緒に覚えておいてください。送り仮名は「リ」です。さて、次は「犭《けものへん》」に「者」で「猪」です。「いのしし」ですが単に「しし」とも読みます。20字目は「广《まだれ》」に「来」で「鹿」の異体字「庲」で「しか」

です。これも「しし」と読むことがあります。2文字合わせて「ちょろく」（日葡辞書）と読むようです。「渡《わた》り」の「猪鹿」とは餌場を求めながら移動する猪や鹿のことでしょう。21字目は「多」です。変体仮名「た」（字母は多）」と同じ字体です。最後の「出《いで》」は問題ないでしょう。②行目の文意は「一つ、当村は周辺に山が多くあって移動する猪や鹿がたくさん出没して」ということです。

③

田畑作毛荒し百姓難儀仕り依之四季打

「田畑」は行書に近いので読めますね。「畑」は国字、つまり日本で作られた漢字です。「畠」も同様に国字です（160頁参照）。3・4字目は「作毛」と書いて「さくもう・さくげ」と読みます。稲や麦など五穀の稔り、つまり農作物をいいます。「作」の旁は①行目の「乍」で取り上げましたくずし（　）のもう一つのくずし方が用いられています。これを「猪鹿」が「荒シ」たというのです。「荒」は異体字の「荒」が用いられています。そのため「百姓《ひゃくしょう》」は「難義《なんぎ》」していたと訴えています。「難義」は「難儀」が正しい書き方ですが、江戸時代では「儀」と「義」はほぼ区別しないで使用していたようです。意義はここでは「苦難・困難・苦労」のことです。「難」は異体字の「难」が用いられています。③行目冒頭からの文意は「田畑の農作物を食い荒らし百姓は困っています」ということです。

　は下の文字から「依レ之《これにより》」と読みます。20字目は「四季《しき》」です。意味はもちろん春夏秋冬、つまり一年間の期間限定許可を意味します。「四季」の次に本来は「打」が来て「四季打《しきうち》」とするところ、「打」を書き忘れているようです。最後の文字は「御」で、次の行に続きます。

④ 

1字目は「釒《かねへん》」に「矢」で「鉄」の異体字「鉃」、次は「火《ひへん》」に「包」で「炮」。2文字で「鉄炮《てっぽう》」となります。現在では「砲」の字を使いますが、江戸時代では「炮」が用いられました。

「てっぽう」は古くは元寇の役の『蒙古襲来絵詞《もうこしゅうらいえことば》』に「てつはう」という文字があらわれますが、これは火薬を鉄の玉の中に仕込み口火に点火して投石機で発射するというもので、閃光と大音響で敵の戦意を撹乱するだけの火器でしたが、江戸時代の鉄炮は種子島に伝えられた「火縄銃」が改良されたもので殺傷能力をもっているものでした。これは本来農民や商人は所持できませんでしたが、鳥獣の被害にあう地域では特別に許可され幕府・領主から「拝借《はいしゃく》」されるものでした。

さて、「鉄炮」の次は「御拝借」ですが「拝」は「扌《てへん》」もしくは「氵《さんずい》」に見えますし、旁が「許」の旁のように書いてありますのでなかなか「拝(拜)」と判読することはできないでしょう。これは慣れるより他に方法がありませんが、次の5字目が、全体の字形から推して「借」と判読できるところから推測して「拝借」と読むしかありません。手元の資料で「拝借」を拾ってみました。・・・など種々なくずし方があります。

6字目からは慣用句ですから一気に読んでしまいましょう。「被レ為ニ仰付一《おおせつけなされ》被レ下候様ニ《くだされそうろうように》」と読みます。2字目の「為」は動詞で「なす」と読みます。ただし助動詞と考えて「仰せ付けさせられ」と読まれても構わないと思います。何度も声に出して読み慣れてください。目を閉じて言えるようになれば一流です。意味は簡単で、「ご命じくださいますように」または、上が「拝借」ですから「お貸しくださいますように」となります。13字目からは表題にもありましたが「奉ニ願上一候《ねがいあげたてまつりそうろう》」と読みます。そして最後は締めくくりの言葉で「以上《いじょう》」です。②行目13字目以降を現代語訳しますと、「それゆえ**四季打鉄炮をお貸しくださいますようお願い申しあげます。いじょう**」となります。

最後に日付・差出人・宛書を読んでみます。日付は「寛延弐年巳八月《かんえんにねんみのはちがつ》」で、西暦でいいますと一七四九年です。吉宗の幕政改革が終焉を迎え世は農民一揆が頻繁に勃発する頃で「威鉄炮」や「用心鉄炮《ようじんてつぽう》」が本来の用途に用いられない場合もありえた時代だっただけに、それを許可する支配者側も神経質だったかもしれません。

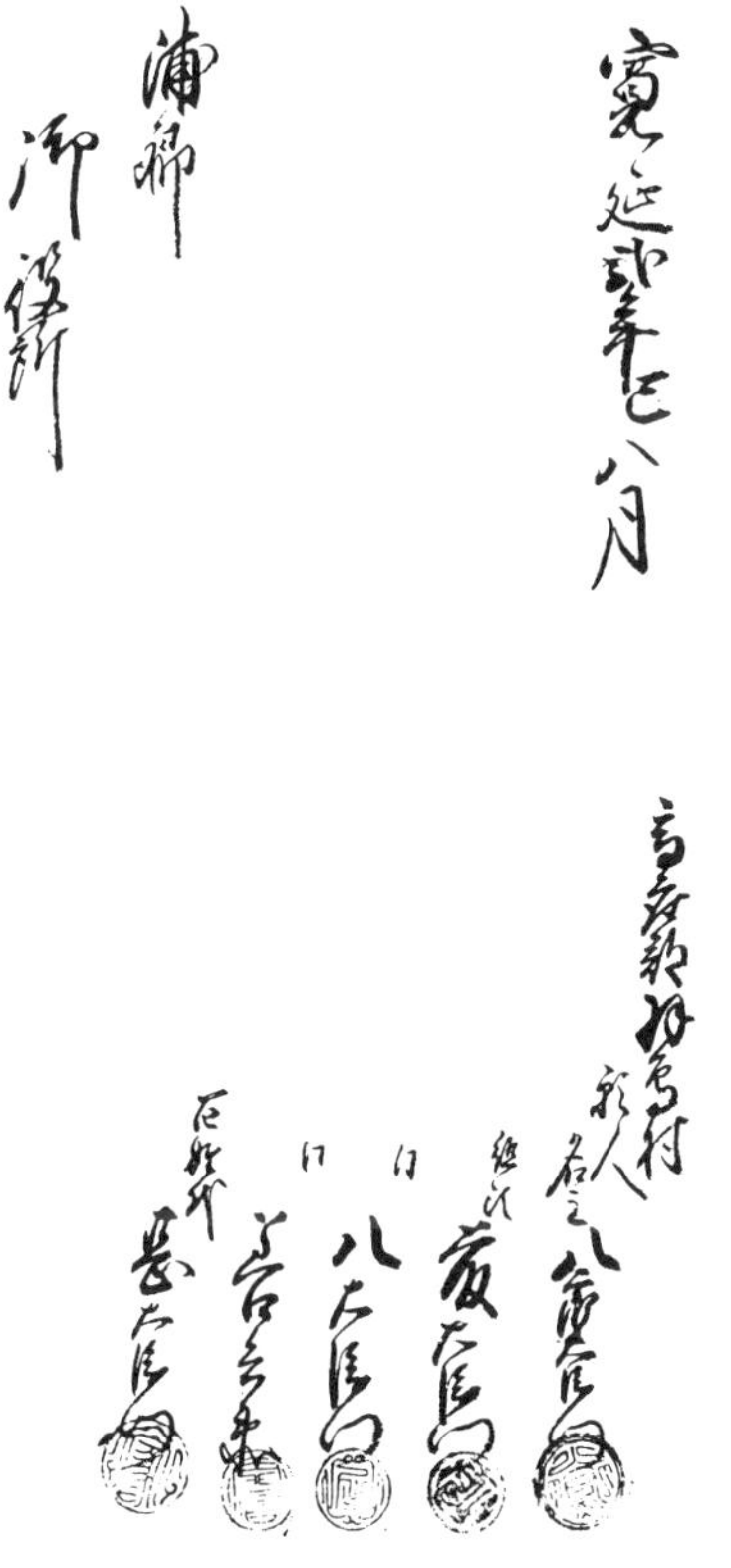

本書付の差出者、つまり「願人《がんにん》」は「高座郡羽鳥村《こうざぐんはどりむら》」の「名主《なぬし》・八郎右衛門」「与頭《くみがしら》・藤右衛門」「同・八右衛門」「同・善兵衛」「百姓代《ひゃくしょうだい》・甚右衛門」の五名です。全員が村役人です。宛先は「浦郷御役所《うらごうおやくしょ》」となっています。羽鳥村は現在の神奈川県藤沢市にあり、ちょうどこの寛延二年（一七四九）からは上州前橋藩松平朝矩《とものり》が領主と

なっていました。「浦郷御役所」は、前橋藩の地方役所の一つであったと思われます。前橋藩は、城《しろ》付《づけ》の上野国の領地のほか、上総・安房・伊豆・近江の各国のほか、相模国内六郡にも領地を持っていました。

全文解読

①乍レ恐《おそれながら》書付《かきつけ》ヲ《を》以《もって》奉二願上一《ねがいあげたてまつり》候《そうろう》

②一《ひとつ》、当村《とうそん》之《の》儀《ぎ》近村《きんそん》ニ《に》山《やま》多ク《おおく》御座候《ござそうろう》ニ付《につき》、渡《わた》り猪鹿《ちょろく》多ク《おおく》出《いで》

③田畑《でんぱた》作毛《さくげ》荒シ《あらし》、百姓《ひゃくしょう》難義《なんぎ》仕《つかまつり》候《そうろう》、依レ之《これにより》四季《しき》御《お》

④鉄炮《てっぽう》御拝借《ごはいしゃく》被レ為二仰付一《おおせつけなされ》被レ下《くだされ》候様《そうろうよう》ニ《に》奉二願上一《ねがいあげたてまつり》候《そうろう》、以上《いじょう》

寛延弐年《かんえんにねん》巳《み》八月《はちがつ》

高座郡《こうざぐん》羽鳥村《はどりむら》

願人《がんにん》

名主《なぬし》 八郎右衛門《はちろえもん》㊞

組頭《くみがしら》 藤右衛門《とうえもん》㊞

同《どう》 八右衛門《はちえもん》㊞

同《どう》 善兵衛《ぜんべえ》㊞

百姓代《ひゃくしょうだい》 甚右衛門《じんえもん》㊞

浦郷《うらごう》

御役所《おやくしょ》

第9章 伝馬——伝馬役請負証文「請負申御伝馬役之事」天保六年未十二月

関が原の戦に勝利した徳川家康は、五街道に宿駅（宿場）を設置し、幕府の物資輸送と役人往来のための馬と人夫の提供を各宿駅に義務付けました。この課役を伝馬役《てんまやく》といいます。はじめ慶長六（一六〇一）年正月に東海道各宿場の居住者に一日伝馬三十六疋を負担することを命じました。その後、その代償として地子《じし》（地代）を免除しました。伝馬制では伝馬朱印状を持つ公用旅行者が無賃で人馬を利用できましたが、各宿場では朱印状によらない有料の伝馬輸送も行いました。幕府はこれを規制するため、翌年六月に東海道・中山道に駄賃銭を公定しました。こうして、街道における伝馬役は、無賃の朱印伝馬役と、「御定《おさだめ》賃銭」による駄賃伝馬役の二系統に整備されていきました。

伝馬制はのちに五街道に広まり、東海道各宿百人百疋、中山道五十人五十疋、その他の街道は二十五人二十五疋の常備人馬が原則でした。しかし、これら人馬は一定の数に限られていたため、寛永十二（一六三五）年、幕府が参勤交代の制を定めると公用人馬の絶対数が不足し、また、各種の公用旅行者も増加する一方で、常備人馬では需要に応じきれなくなります。それを補うために、街道周辺の村々にも伝馬役を負わせることになり、これにより助馬・助郷が制度化されることになります。

伝馬役を負担する宿場は周辺の農民や請負業者に委託することがしだいに多くなります。本資料は、原宿の本陣渡辺平左衛門が負担する伝馬役の一部を喜助が金二両二分一朱で請け負ったことを証明する文書です。

③ 正西申年二月今〇斗廿五二百足

④ 〇尾弁津馬政江頂申候左勤今〇れ

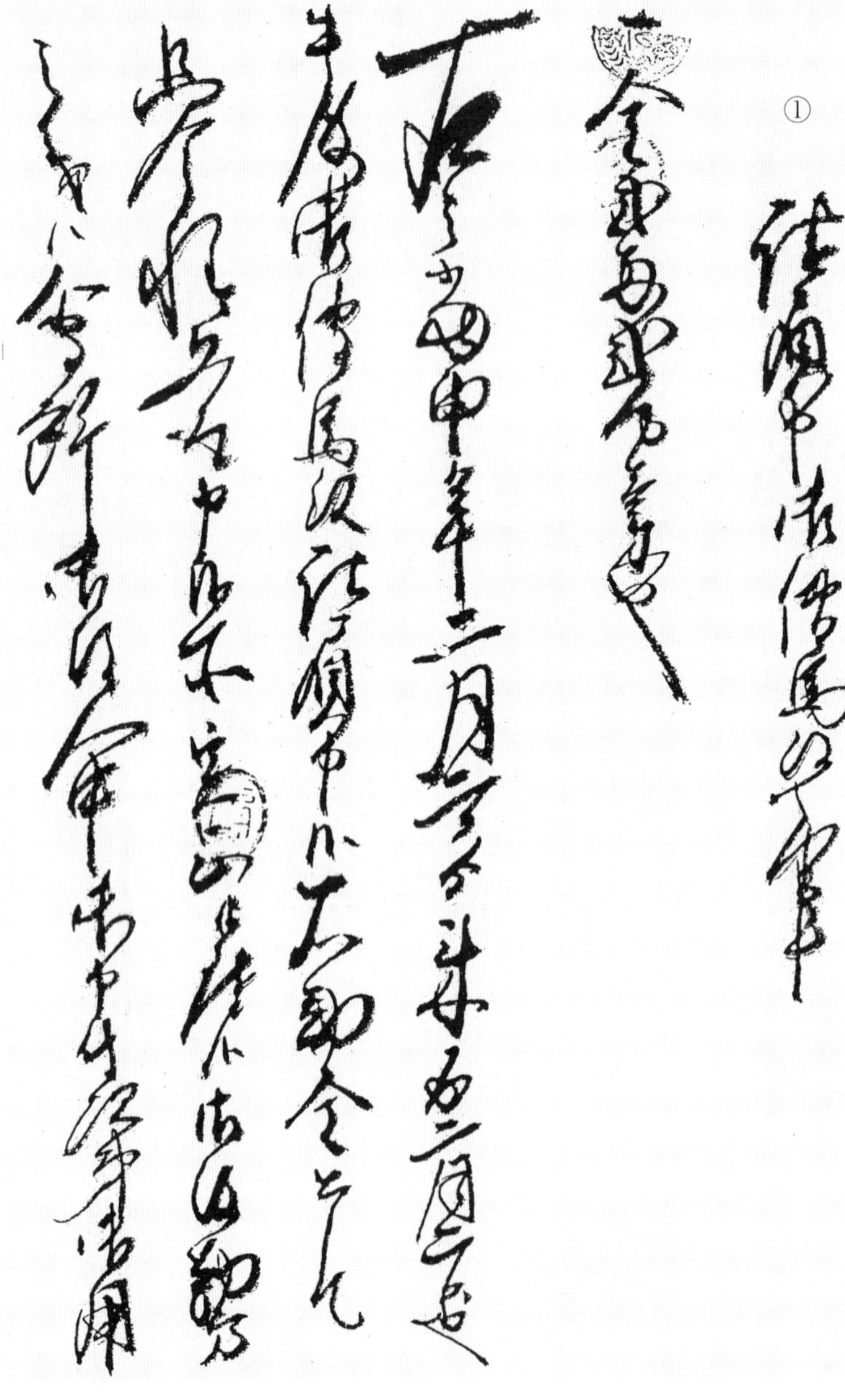

⑧ ⑦

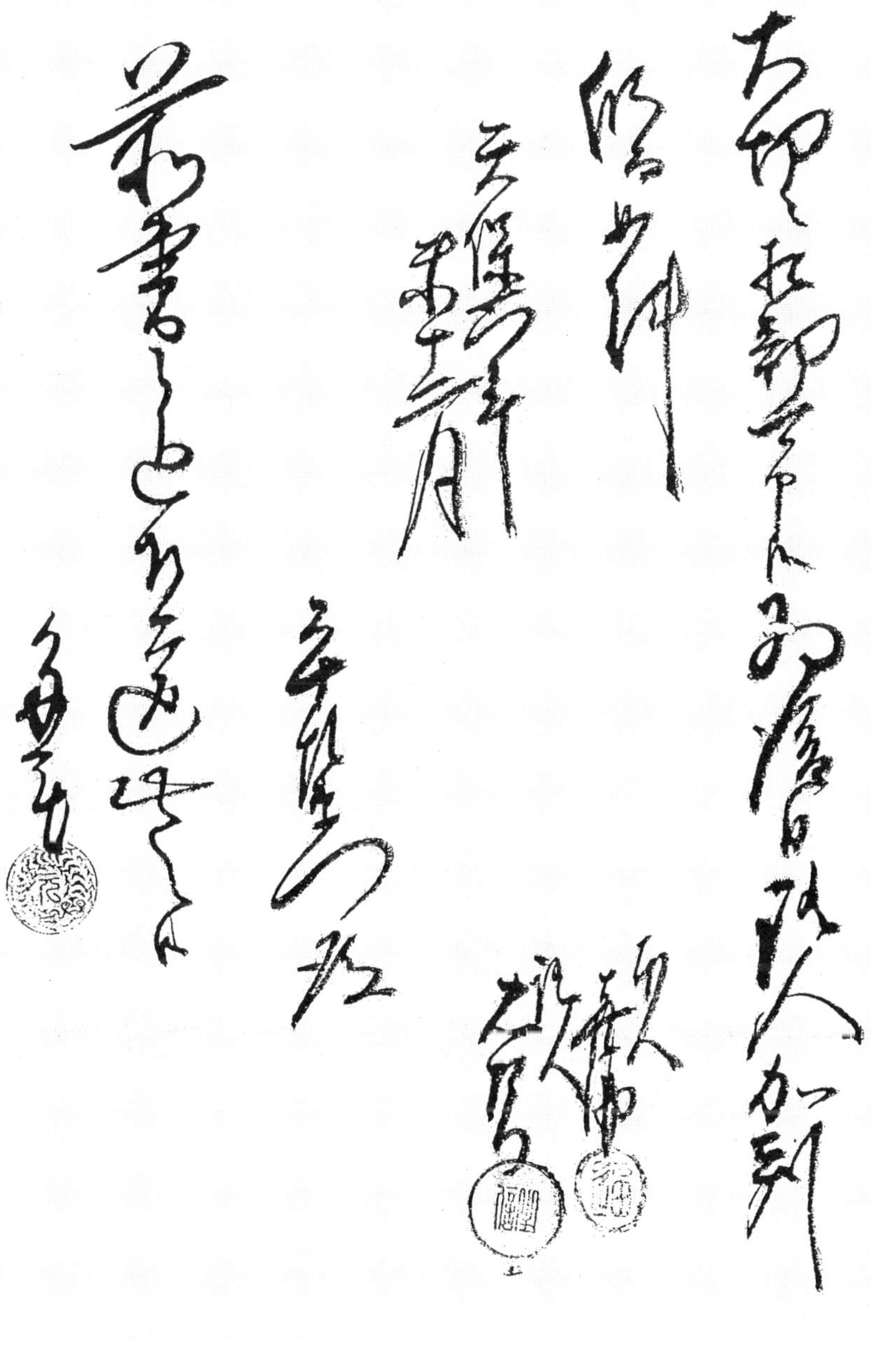

（沼津市明治史料館所蔵・原渡辺本陣文書）

①

この資料は全体的に字体の省略化が激しく初心者の方には若干読みづらいかも知れませんが、そのつど一般的なくずし方を例示しますので、最後まであきらめずに挑戦してみてください。

表題（柱書）から読んでいきましょう。1字目は偏も旁も典型的な字体です。下部は「言《ごんべん》」に旁は「青」で「請《うけ》」です。2字目はが「厂《がんだれ》」のように書かれていますが、「尸《しかばね》」です。下部は「貝」ですから「屓」となります。「贔屓《ひいき》」の「屓」ですが、これは「負」の異体字で、つまり冒頭は「請負《うけおい》」となります。その下は「丸に縦棒」で「申《もうす》」です。現代語訳しますと「請け負います〜」となります。何を「請け負う」かといいますとを「請け負う」わけです。はじめは「御」です。次は「亻《にんべん》」に「専」ですから「伝」の旧（正）字体「傳」となります。次は「馬」です。ともくずされますが、「高」と類似していますので注意してください。はこれ1字だけを切り離してはまず読めません。上が「伝馬《てんま》」ですから「伝馬役《てんまやく》」と見当を付けて読むしかありません。この後の本文でも出てきますので比較・検討して「役」と確認します。なお、一般に「役」は・などと書かれます。「彳《ぎょうにんべん》」を「亻《にんべん》」に書くことがありますので注意してください。最後の「事」の上に「之」があります。読み落とさないように注意してください。「請負申御伝馬役之事《うけおいもうすおてんまやくのこと》」で「請け負います御伝馬役のこと」となります。この証文の差出者喜助が、東海道宿場原町の平左衛門が負担する伝馬役を請け負うことを証明する証文のタイトルです。

②

冒頭は「一」で「ひとつ」と読みます。次は「金」ですが、貨幣のうちの「金貨」をさします。「金」は1両《りょう》が4分《ぶ》、1分は4朱《しゅ》です。したがって、「金」と来たら下に「何両何分何朱」と来る場合が一般的です。このことを頭に入れて次の文字を解読します。は「式」に類似していますが「弐」です。次のは「両」。5字目も「弐」では「分」となります。次は「何朱」ですから上の数字から解読しますと、「壱」で、次のはちょっと読みづらいのですが「朱」です。金銭について記すときはその金額に相違ないという意味で印鑑を押します。翻字するさいには右側行間に㊞と書き入れます。最後は平仮名の「や」と読めますが、「也《なり》」です。金銭の下に付す言葉ですが、文章の途中でも金銭の額が表示されるときにはよく用いられる用語です。ちなみに、変体仮名「や」の字母は「也」です。

①行目の伝馬役の請け負い代金は「金貨で二両二分一朱」というわけです。

③

ここから本題に入ります。1字目は「右」です。「右・左」の読み分け方は一般的には、「右」は「ノ」

から「左」は「一」からといいますが、ここは「右」ですが「一」から起筆しています。このようなことはよくあることですから、起筆だけでは「右・左」の読み分けは難しいと思います。2字目は変体仮名で助詞の「は」です。「之《の》」にも「与《と》」にも読めますが、文章の意味から「者《は》」と読むのがもっとも妥当でしょう。次は「当」ですが、一般的には・・とくずされます。意味は「この・今・ここ」で、「当年」は「今年」、「当時」は「今の時、つまり現在」です。次は「申年《さるのとし》二月二日」と読みます。「日」は極端に「﹅」にまでくずされているところに注意してください。10字目の「5」に似たくずしは変体仮名「よ」と「り」の合わさった文字（合字）で「より」と読みます。翻字するときは「ゟ」としても「より」としても構いません。11字目は「来」で、「きたる」と読みます。「当申年」の「当」に対し、「次の、来年の」という意味です。過去の場合は、「去《さる》・去ル」となります。は、翌年の干支《えと》である「酉《とり》」です。行末は「二月二日迄」と読みます。最行末の「迄」は異体字の「迠」が用いられています。

④

はじめは「貴殿《きでん》」と読みます。「貴」は一般にと書かれますが、この下部の省略化が進んだ字体となっています。「殿」は、・・・・などとくずされます。は表題でも出てきました「御伝馬役《おてんまやく》」です。「役」は「彳《ぎょうにんべん》」の部分が若干それらしく書かれています。も表題と同様で「請負申《うけおいもうす》」です。ただ「請」の旁が少し省略がきついようです。は

典型的な「候《そうろう》」です。③行目からここまでの意味は、「**右は、今年中年《さる》の二月二日より来年酉年《とり》の二月二日まであなたの御伝馬役を請け負います**」となります。

11字目は「**右**」です。③行目冒頭の「**右**」にくらべ、右下の「口」がさらに省略されています。次のの旁は「**力**」ですが偏はどうでしょう。候補に上がる文字としては「勭」「勤」「勅」「勧」などがあります。これを保留して次を読んでみましょう。は②行目の「**金**」と同様で、以下は変体仮名で「**として**」と読みます。保留の文字に戻ります。ここを「**勤金**」と読むと「伝馬役を勤める代金として」となり意味も通ります。「**勤金**《つとめきん》」とは、勤務に対して支払われる代金・手当金のことです。ちなみに「**勤**」は・などともくずされます。

⑤

1字目は「**只**」と読みます。上部の「口」が小さく、下部の「ハ」をやや大きく、左右に広く離して書かれるところに特徴があります。次は「**今**」で、「**只今**《ただいま》」となります。「**只今**」以下は慣用句で空で言えるようにして欲しいのですが、「**只今慥ニ受取申候所実正御座候**《ただいまたしかにうけとりもうしそうろうところじっしょうにござそうろう》」と読みます。したがって3字目は「忄《りっしんべん》」に「造」と書かれています。「**慥**《たしか》」は「確か」と同義です。右下の「**ニ**」を読み落とさないように注意してください。「**受取**」も難読文字です。「**受**」は一般になどとくずされ、「更」に類似しています。「**取**」は・・ともくずされます。「**所**」も特徴のある字体です。10・11字目の「**実正**《じっしょう》」は間違いないという意味で、それを確認する意味で印鑑が押されています。④行目「**右**」

以下の文意は、「右の代金としてただいま確かに受け取りましたことに相違ありません」となります。

15字目以下を読み進みましょう。は「御役勤方《おやくつとめかた》」と読みます。「役」はこれで3度目です。「勤」は前行にもありました。「伝馬役の勤務については」ほどの意味です。

⑥

冒頭は「之義八《のぎは》」と読みます。「〜のことは」という意味です。4字目は「𠆢《ひとがしら》」に「守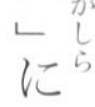」あるいは「専」のように書いて「会」の旧（正）字体「會」と読みます。次の「所」は問題ないでしょう。「会《かい》所《しょ》」とは、集会所や事務所をいうのですが、ここでは、宿場で人馬継ぎ立てなどの事務を取り扱う問《とい》屋《や》場《ば》の事務所をさします。6字目以下は「御役人中」と読みます。「役」は4度目ですがやはりかなり省画されていて難読です。この「役人」とは、問屋場を取り仕切る宿役人のことです。10字目以下は「御申付次第《おもうしつけしだい》」で、会所の役人の申し付けに従って、あるいは、申し付けがあれば即座に、の意味です。行末は「御用《ごよう》」と読みます。

⑦

前行の「御用」を受けて、これを「大切ニ相勤可レ申候《たいせつにあいつとめもうすべくそうろう》」、つまり、一所懸命に務めます、ということです。「相」は語調を整える接頭語です。⑤行目行末の「御役勤方《おやくつとめかた》」以下の文意は、「職務の

ことは会所の役人の方々の申し付けがありましたらすぐに御用を一所懸命に務めます」となります。

さて、末文の書止部分でしめましょう。仮名の「ゐ」に似たくずしは「為」で下から「**～のため**」と読みます。は「**後日**」ですから「**後日のため**」となります。の「言《ごんべん》」は問題ないでしょう。旁はかなり省略されていて判読困難です。本来は・などと書かれることが一般的です。つまり、次の「**人**」とで「**證人**《しょうにん》」となります。「**證**」は「**証**」の旧（正）字体です。行末は「**加判**《かはん》」で、証人の忠左衛門が本文で述べられたことを保証するため「判を加えた」ということを意味しています。

⑧ 

古文書の書止部分の慣用句です。これまで何度か学習しました慣用句ですので、もう読めるでしょう。1字目の旁「乃」がぎこちない字体ですが、ここは一気に「仍而如レ件《よってくだんのごとし》」と読んでしまいましょう。

前行「為」以下の文意を言葉を補って現代語訳しますと、「**後日の証拠のために証人の捺印をもって差し出し、以上の通りでございます**」となります。

以下、日付は「天保六年」で西暦でいいますと一八三五年、「未《ひつじ》」年の「十二月」です。差出人は伝馬役を請け負った「本人喜助」で、「証人」の「忠左衛門」が名前を連ねています。宛て先は原宿で本陣を構える「平左衛門殿」で、さらに先代「多重」がこの証文の正当性を保証する奥書を記しています。「多重」の「重」は、第3章で出て来ました「直蔵」の「蔵」と類似していますが、この時期の「渡辺本陣文書」をみますと「多重」名の資料が多く存在しますので、ここは「多重」と読みます。さて、奥書は「前書之通《まえがきのとおり》相違無レ之候《そういこれなくそうろう》」と読みます。「通」「相違」とも大変読みづらいのですが決り文句ですので、文章を覚えているとこのように読めるわけです。

全文解読

① 請負申《うけおいもうす》御伝馬役《おてんまやく》之事《のこと》

② 一《ひとつ》、金弐両弐分壱朱也《きんにりょうにぶいっしゅなり》

③ 右者当申年二月二日ゟ来酉二月二日迄《みぎはとうさるのとしにがつふつかよりきたるとりのにがつふつかまで》

④ 貴殿《きでん》御伝馬《おてんま》役請負《やくうけおい》申候《もうしそうろう》、右勤金《みぎつとめきん》として

⑤ 只今慥《ただいまたしか》ニ受取《うけとり》申候所《もうしそうろうところ》実正《じっしょうに》御座候《ござそうろう》、御役勤方《おやくつとめかた》

⑥ 之義《のぎ》ハ《は》会所《かいしょ》御役人中《おやくにんちゅう》御申付《おもうしつけ》次第《しだい》御用《ごよう》

⑦ 大切《たいせつ》ニ《に》相勤可レ申候《あいつとめもうすべくそうろう》、為二後日一《ごじつのため》証人《しょうにん》加判《かはん》

⑧ 仍而如レ件《よってくだんのごとし》

天保六年《てんぽうろくねん》

未十二月《ひつじのじゅうにがつ》

本人《ほんにん》 喜《き》助《すけ》㊞

証人《しょうにん》 忠左衛門《ちゅうざえもん》㊞

平左衛門殿《へいざえもんどの》

前書之通《まえがきのとおり》相違無レ之候《そういこれなくそうろう》

多重《たじゅう》㊞

■異体字一覧（形態による分類）

●部位の移動

吟	婚	娵	峰	嶋	政	松	梅	略	秋	蘇	養
含	〓	娶	峯	嶌	〓	枀	〓	畧	秌	蘓	粮

●画数の増加

休	修	條	冊	名	慶	尻	抜	支	氏	紙	詰
〓	〓	〓	〓	〓	〓	〓	〓	〓	〓	〓	〓

●画数の減少

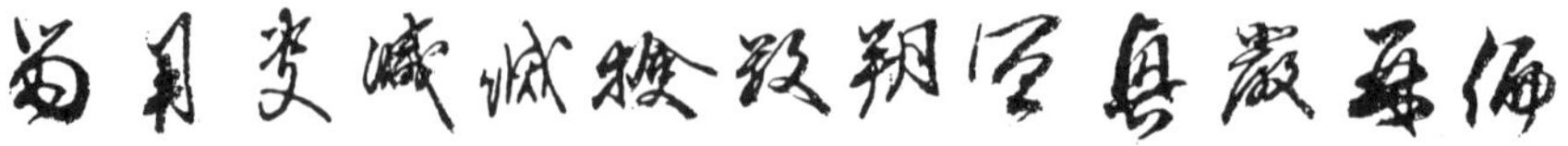

偏	再	嚴	奥	宜	朔	数	検	減	減	決	用	留
偏	〓	〓	〓	冝	〓	敉	〓	〓	〓	决	〓	畄

●部分変形

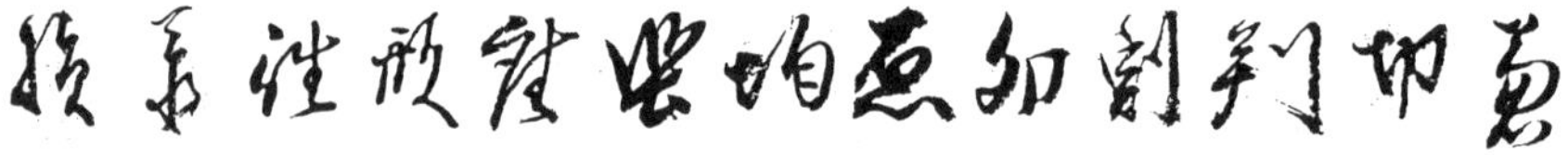

兼	切	判	割	卯	原	均	堅	座	形	往	承	損
〓	〓	〓	〓	夘	〓	〓	坚	庄	〓	徃	〓	〓

最	替	杉	沈	節	解	貢	違	難
㝡	〓	杦	沉	莭	觧	〓	〓	〓

●部分の同義

煮	煎	熟	忝
煑	〓	〓	〓

●その他

互	凡	分	出	喜	拙	所	楽	異	畢	等	紙	霊
〓	凢	卜	〓	〓	〓	〓	乐	〓	〓	〓	〓	〓

■国字一覧

働《はたらく》　匁《もんめ》　峠《とうげ》　忰《せがれ》　挊《かせぐ》　摑《つかむ》　杢《もく》　杣《そま》　梺《ふもと》　椚《くぬぎ》　榊《さかき》　樫《かし》　畑《はたけ》

畠《はたけ》　籾《もみ》　糀《こうじ》　聢《しかと》　躮《せがれ》　躾《しつけ》　辻《つじ》　込《こむ》　迚《とて》　錺《かざり》　鎗《やり》　閊《つかえ》　鰯《いわし》

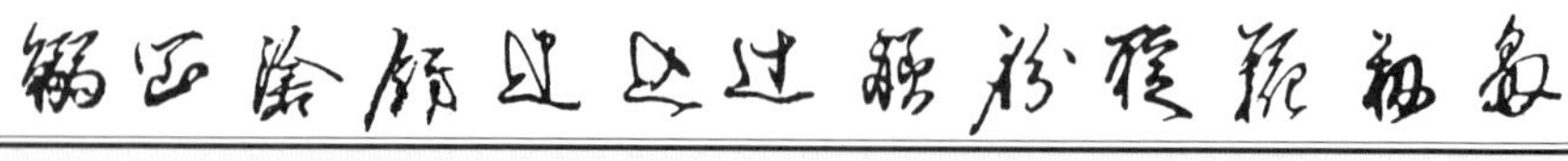

第10章 道中——往来手形「往来証文之事」享和三亥年正月

十七世紀後半になると、人々の他地域への関心が広がり、それが庶民の旅心をそそり、旅行者が急増しました。そこにはいくつかの理由があります。まず、戦がなくなり治安が比較的安定したこと、街道が整備され旅行施設が整備されたこと、全国で信用される統一貨幣が流通したことがあげられます。また、この時期になると庶民に時間的・金銭的な余裕が出てきたことも理由の一つにあげられるでしょう。

庶民の旅行の特徴は、その目的が仕事や信仰であったほかに、物見遊山も増加したことです。旅行に出た人々は外の土地で見聞したさまざまな情報を自分の村や地域に持ち帰り、各地の文化が多様化していきました。

旅行には前もって身分を証明するために往来手形が必要でした。これは、往来証文とか往来切手などともいい、名主（庄屋）や菩提寺、雇用主などが発行しました。書式は、はじめに手形所持者の住所・名前、さらに宗旨名と檀那寺を記し、次に諸国神社仏閣参詣、西国巡礼、または温泉場湯治など旅行の目的を明記し、最後に、旅の途中で行き暮れたときの宿泊の世話と、病死したときにはその土地の作法で処置していただきたい旨と、在所への連絡を依頼するという様式が多いようです。

本資料は、往来手形であると同時に関所手形を兼ねています。発行者は名主と組頭の連名です。宛て先も、「国々御関所御役人衆中様」と「所々村々御名主衆中」が併記されています。また、在所である「木瀬川村」の所在地も最後に一箇条追加して記されています。

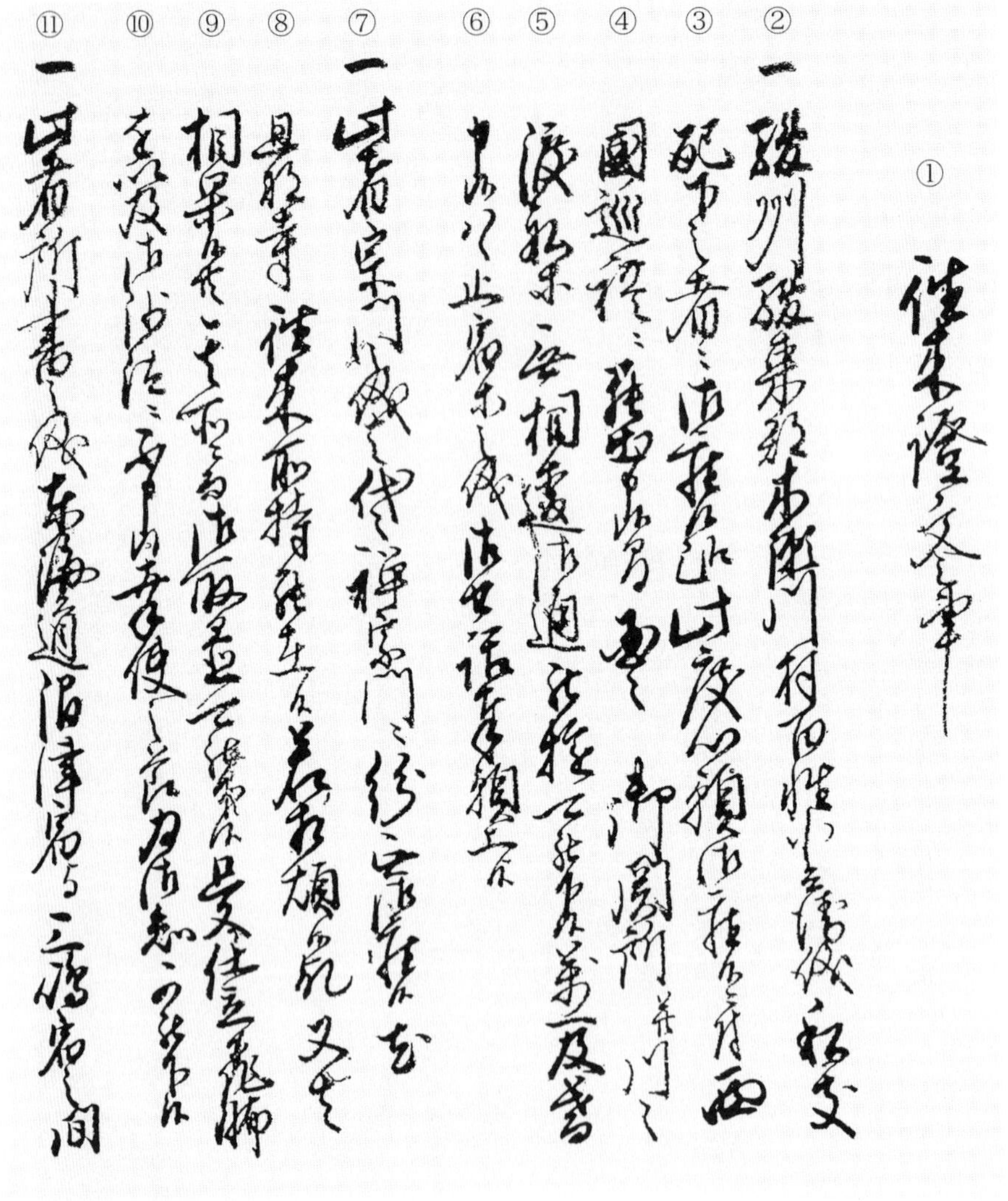

⑫

⑬

（静岡県沼津市・大古田忠雄氏所蔵）

①

本資料は、近世の村方文書には普通に見られる字体で書かれており、一部を除いて特に難しい文字はありません。少し長い資料ですので、初学者の方には難しいと思う人もいるかも知れません。けれども、テキストとして何度も繰り返し学習するには、ちょうど良い字体と文章です。少しがんばってみて、この古文書を暗記・暗唱するくらい何度も読んで解読してみましょう。何はさておき、読み慣れることが近世文書に熟達する遠くても近い道となります。

さて、表題（柱書・事書）から読んでいきましょう。1字目は「彳《ぎょうにんべん》」に「生」と書いて「往」と読みます。「徃」は「往」の異体字です。次は「来」ですから「往来《おうらい》」となります。「往来」とは行き来することですが、ここでは街道や通行などをさします。3字目は「言《ごんべん》」に「登」で「証」の旧（正）字体「證」です。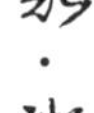・などとくずされることが一般的です。表題の「往来證文《おうらいしょうもん》之《の》事《こと》」は通行証明書を意味します。

②

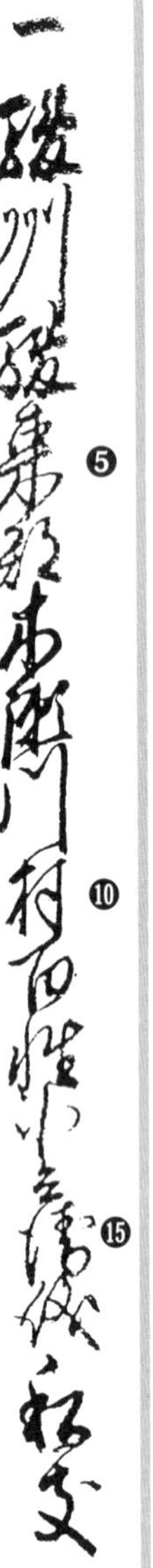

三か条からなる箇条書きの第一条目です。はじめは「一」と書いて「ひとつ」と読みます。以下地名が書かれています。「駿州《すんしゅう》駿東郡《すんとうぐん》木瀬川村《きせがわむら》」と読みます。「駿」は難読です。偏は「馬《うまへん》」の一般的

なくずし方です。ぜひ覚えてください。旁は難解です。国あるいは州の数は「六十余州」といいますが、「古文書字典」などの付録に掲載されていることがありますので、それらを利用して、まず国名とそのくずし方を覚えるのが近道です（176頁「国名一覧」参照）。3字目は「州」ですが・・などともくずされます。また異体字の「刕＝𠔾・・」が用いられることもあります。6字目の「郡」は旁のくずし方に特徴があります。似た文字に「月」があります。たとえば「期」「朔」「朝」などです。

さて、11・12字目は「百性《ひゃくしょう》」ですが、「性」は「姓」の慣用的な用法です。「小姓《こしょう》」を「小性」と書きますが、幕府の正式な用法としては後者が採用されています。百姓の名前は「小兵衛《こへえ》」です。「兵衛」のくずし方については一覧（124ページ）を参照してください。16字目の「儀」は「〜は」というように訳すとよいでしょう。次は「私」です。筆順に注意してください。「禾」の1画目「ノ」の次に第3画目の縦棒を先に書いています。行末のは「支」の異体字「」が用いられています。

③

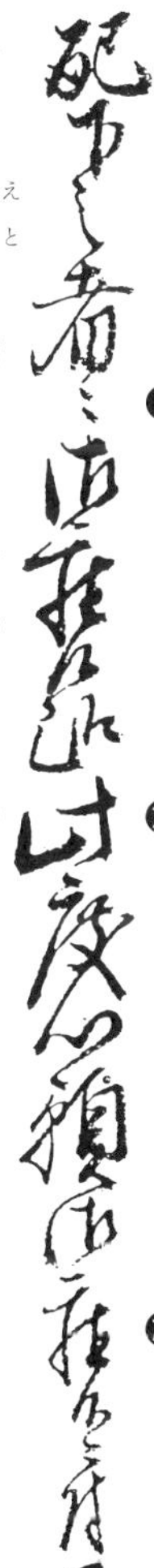

1字目は干支《えと》の「酉」に旁が「己」で「配」となります。次は「下」です。以下は「之者二御座《のものにござ》候《そうろう》」と読みます。「座」は左側に点が打たれるや、中が「生」と書かれるなどの字体があります。また、同字の「坐」、異体字の「坐」・「唑」などが用いられることも頻繁にあります。②行目からここまでは、「駿州駿東郡木瀬川村の百姓小兵衛は、私が治める村の者です」と

なります。次のは、左側が雰囲気的には「走《そうにょう》」、旁は「取」のようです。したがって「趣《おもむき》」と読めそうですが、前の文章に付いて「〜のおもむき」と訳しますとちょっと意味が通りません。ここは「〜でございまして」ほどの意味で「候処《ところ》」と読みたいのですが、右側の「几」はともかく、左側のを「夂」とするには無理があります。これは筆者の書き誤りでしょう。一般には「処」はと書きます。

10・11字目は「此度《このたび》」で頻出用語の一つです。は「心」ですが「灬《れんが》」と同字体です。「忍」「忽」「怠」は「したごころ」で、「熟」「照」は「れんが」です。次は「原」に「頁」で「願」ですから、「心願」という熟語になります。旅行の理由によく用いられる用語ですが、神仏に心の中で願を立てることです。以下は「御座候ニ付《ござそうろうにつき》」と読みます。行末はもちろん「西」です。

④

1字目は「国」の旧(正)字体「國」です。次は「巡礼《じゅんれい》」と読みますが、「礼」は旧字体の「禮」が用いられています。「西国巡礼」とは、西国つまり現在の近畿地方を中心とした、観音像を安置する三十三か寺を参拝してまわることです。さて、4字目の「ニ」を読み落とさないように要注意。5字目のは、接頭語的に用いられる「罷《まかり》」で⑤—9字目の「被《る・らる》」と似ていますが、初画と右側部分を比較してみてください。筆の入りが「一」か「点」か、また、右側の横画の本数の違いに注目してください。さて、「罷出申候間《まかりいでもうしそうろうあいだ》」で「(巡礼に)出かけますので」となります。「〜候間」は、接続詞的に用いられる慣用句ですが、「〜ゆえ、〜ですので、〜ですから」などと原因・理由をあら

わします。10字目は左右の二つの点に注目します。これはくずし字独特の字体ですが「囗《くにがまえ》」です。たとえば「円」の旧(正)字「圓」や「図」の旧字「圖」も同様です。中央部分は「王」ですので、もっとも近い漢字は「国」となります。次は踊り字ですが、翻字するさいは「々」または「〻」とする場合が一般的です。その下が1字分あいているのを欠字《けつじ》といいます。幕府や身分の高い人に敬意を示す場合にはこのように1字分あけます。以下、「御関所《おせきしょ》并《ならびに》川々《かわがわ》」は問題ないでしょう。

⑤ 

冒頭は「渡船」と書いて「わたしぶね」または「とせん」とも読みます。「船」の偏ですが、第2画目の縦画が省略されるところに特徴があります。また、旁が「ム」と書かれていますが、一般的には「公」と書かれます。これは「船」の異体字「舩」です。3字目の「ホ」に似た文字は「等」の異体字「」です。は「無ニ相違ニ《そういなく》」と読みます。「無」は返読文字、「遠」は「違」の異体字で「麦」に「辶《しんにょう》」と書きます。7字目から14字目の「候」までは決り文句ですので一気に読みます。「御通被レ遊可レ被レ下候《おとおしあそばされくださるべくそうろう》」で「お通しください」の尊敬の意を表す言い方です。筆法についていくつか説明しましょう。9字目は返読文字で受身・尊敬の助動詞「被《る・らる》」です。次の「扌《てへん》」は実は「方《ほうへん》」で右下のの部分が「辶《しんにょう》」です。とくずされることが一般的ですが「遊《あそばす》」と読みます。上に返って「あそばされ」と訓じます。さて、ですが、上から「可」「被」「下」で、下から順に「くださるべく」と読みます。「〜してください」という意味です。③行目10字目からの文意は、「このたび（小兵衛が）願掛けのために西国巡礼に旅立ちますので、諸国の関所ならびに渡船場などを間違いなくお通しください」となります。

さて、15・16字目は「万一《まんいち》」と読みます。ただし1字目は「万」の旧（正）字体「萬」のくずしです。「及《およぶ》」は下から返って読みます。は上部のが「艹《くさかんむり》」で下部のが「日」です。中間は判然としませんがぜひ覚えていただきたいくずしです。これは「暮」と読みます。「くれ」とも「くらす」とも読みますが、「往来手形」の場合はほとんどが「くれ」で、「暮れに及び」と読み、「日が暮れて」の意味です。

⑥

冒頭4文字は「申候八丶《もうしそうらわば》」と読み、「～であったら」と仮定を表します。6字目以下は「止宿等之《ししゅくなどの》儀《ぎ》」と読みます。「止宿《ししゅく》」は宿泊すること。「宿」の筆順は、「宀《うかんむり》」の次に、右側「百」の1画目横棒を短く書き、左側「亻《にんべん》」に移り、最後に「百」の下部を「日」と書きます。次のは「等」の異体字「才」です。は仮名の「せ」ですがここでは漢字「世」のもっともくずされた字体と考えました。は「奉《たてまつり》」で返読文字ですから、下の「願上」から先に「願《ねが》い上《あ》げ奉《たてまつ》り」と読みます。⑤行目「万一」からの文意は、「もし日が暮れましたら宿泊のお世話をお願いいたします」となります。

⑦

「一《ひとつ》」として、ここから新しい箇条に入ります。「此」は③行目中ほどで既出、「此者《このもの》」は当然「小兵衛」のことです。「宗門之儀者《しゅうもんのぎは》」は、「信仰している宗旨は」の意です。「代々禅宗門ニ《だいだいぜんしゅうもんに》」は読めますね。おどり字「〻」が「代」にくい込んでいて1字分に見えますので要注意。「宗」は「宀《うかんむり》」に「ふ」と書かれます。15字目以下は慣用句です。「紛無ニ御座ニ候《まぎれござなくそうろう》」と読みます。「紛」の「糸《いとへん》」と旁の筆順に注意してください。はじめから訳しますと、「**この者の宗旨は代々禅宗に間違いありません**」となります。最後のは「尤《もっとも》」と読みます。第2画目が短く途中から3画目に入るところに特徴があります。

⑧

1字目は「日」に「一」で「旦」、次は「那」です。偏の横画2本が略される点、特徴的な「阝《おおざと》」のくずし方はすでに何度か出てきました。「旦那寺《だんなでら》」は、檀家が所属している寺のことです。「往来《おうらい》」は①行目と同じくずしですが、「證文」が省略されているようです。は「所」ですから、「所持《しょじ》罷在候《まかりありそうろう》」と読みます。「**檀那寺の発行した往来手形は所持しています**」ということでしょう。「在」は3画目の縦棒が省略されます。

11字目は「艹《くさかんむり》」に「右」で「若」です。副詞で「もし」と読みます。次は接頭語の「相《あい》」、その下は「火《ひへん》」に「頁」で「煩《わずらい》」、は典型的な「候《そうろう》」です。さて、次のはどう読むのでしょう。偏は「与」のようです。旁は「乙」と書かれています。これは疑問を表す助詞「歟《か》」の異体字「欤」ですが、一般的には旁を「之」のようにと書きます。「若相煩候歟《もしあいわずらいそうろうか》」と読み下します。また、余談ですがこの「欤」を「ヨケツ」という人もいます。行末は「**又者**《または》」と読みます。

⑨

はじめの「**相果**《あいはつ》」は、「死亡する」ことをさします。その下は「**候共**《そうろうとも》」ですから、前行「**若**《もし》」以下は、もしも病気をわずらうか、または死亡しても、となります。そういう時は、「**其所ニ而御取置可レ被レ下候**《そのところにておとりおきくださるべくそうろう》」というわけです。つまり、区切って解説しますと、「**其所ニ而**」は「そちらの土地で」の意味ですから、お世話になった村あるいは町で。「**取置**《とりおき》」は処分すること、処置すること。「**可レ被レ下候**《くださるべくそうろう》」は虫食いで読みづらいのですが、ここは古文書独特の言い回しですので、ぜひ目を閉じても言えるように暗記していただきたいのですが、「〜してください」と言う意味です。したがって、「**もし病気になったりまたは死亡したときは、そちらで処置してください**」と一任しているわけです。

16字目は⑧行目の「**旦**」に似ています。さらに似た字には「**廻**」があります。次の「**又**」と共にみると「**且又**《かつまた》」と判読できます。次の「**仕立**《したて》」は、こちらで用意すること。20字目は、下・九・点で「**飛**」となります。最後の点が一つの場合と本資料のように2点になる場合があります。最後は「⺼《にくづき》」に「布」のように書いて「**脚**」と読みます。つまり「**飛脚**《ひきゃく》」となります。

⑩

行頭は「を以」で「をもって」と読みます。「以」は平仮名の「い」になる一歩前の字体です。次は下から返って読む動詞で「及《およぶ》」です。何に及ぶかというと、「御沙汰ニ《ごさたに》」及ぶ、つまり通知や連絡することです。それは「不レ申候《もうさずそうろう》」と否定していますから、飛脚を仕立ててまで連絡してくれる必要はない、といっているわけです。ではどんな時に連絡が欲しいかというと「幸便之節《こうびんのせつ》」、つまり都合のよい便があったときでかまわないといっています。「幸」は下部の「干」がと書かれます。また、「便」は「使」と書いていますが「幸使」では意味をなしませんから、ここは「幸便」と判読します。15字目は使役の助動詞「為《す・さす》」です。下から「お知らせ」と読みます。ちなみに「為」はほかに「として・たり・のため・なす」など広く用いられます。また、・・・・などとくずされます。次は前行にもありました「可レ被レ下候《くださるべくそうろう》」ですから「知らせてください」となります。これで二つ目の箇条が終わります。前行「且又」から現代語訳しますと**「さらに飛脚を立てて連絡する必要はありません。都合のよい便がありましたらお知らせください」**となります。

⑪

三つ目の条目のはじめは例により「一《ひとつ》」で始まります。最初は⑦行目の冒頭と同様に「此者《このもの》」です。もちろん「小兵衛」のことです。次の「所書之儀」は「ところがきのぎ」と訓じ、現代でいう住所のことをいいます。8字目は「車」に似た字ですが「東」です。車は下が「十」になり、「東」は「小」と書きます。したがって「東海道沼津宿《とうかいどうぬまづじゅく》」と読みます。その下は「与」ですが「と」と読みます。

物事を列挙するときに用いる並立の助詞です。これは漢文の助辞が跡をとどめたとみられる真仮名で、変体仮名ではありません。字体は最後の横棒が省略される（）、または本資料の様に小さな丸に書かれるのが特徴です。行末は「三嶋宿之間《みしまじゅくのあいだ》」ですが、「嶋」は「島」の異体字もしくは別字です。

⑫

「木瀬川村《きせがわむら》」は②行目にもありました。「瀬」の右側「頁《おおがい》」のくずし方は絶対に忘れてはいけません。右下に小さく「ニ」が書いてあります。見落としやすいので要注意。最後の「御座候《ござそうろう》」はもう目を閉じてでも読めますね。文意は「**この者つまり小兵衛の住所は東海道沼津宿と三島宿の間の木瀬川村でございます**」となります。

⑬

最後に、この証文に書かれたことに相違ないことを名主が証明する意味の一行が述べられています。この文章は証文のきまり文句ですのでぜひ覚えて下さい。

「右之通《みぎのとおり》」は、右に書きました通り、の意。次は「少茂《すこしも》相違《そうい》無二御座一《ござなく》候《そうろう》」と読み、「**まったく間違いありません**」と名主が証文の内容に相違ないことを証明しています。最後の書止《かきとめ》部分は、証文の決まり文句ですが、「為二後日一仍如レ件《ごじつのためよってくだんのごとし》」と書かれています。「**後日のため**」には「**後日の証拠として**」

という意味があります。「よってくだんのごとし」は、「したがって上記のとおりでございます」ほどの意味です。

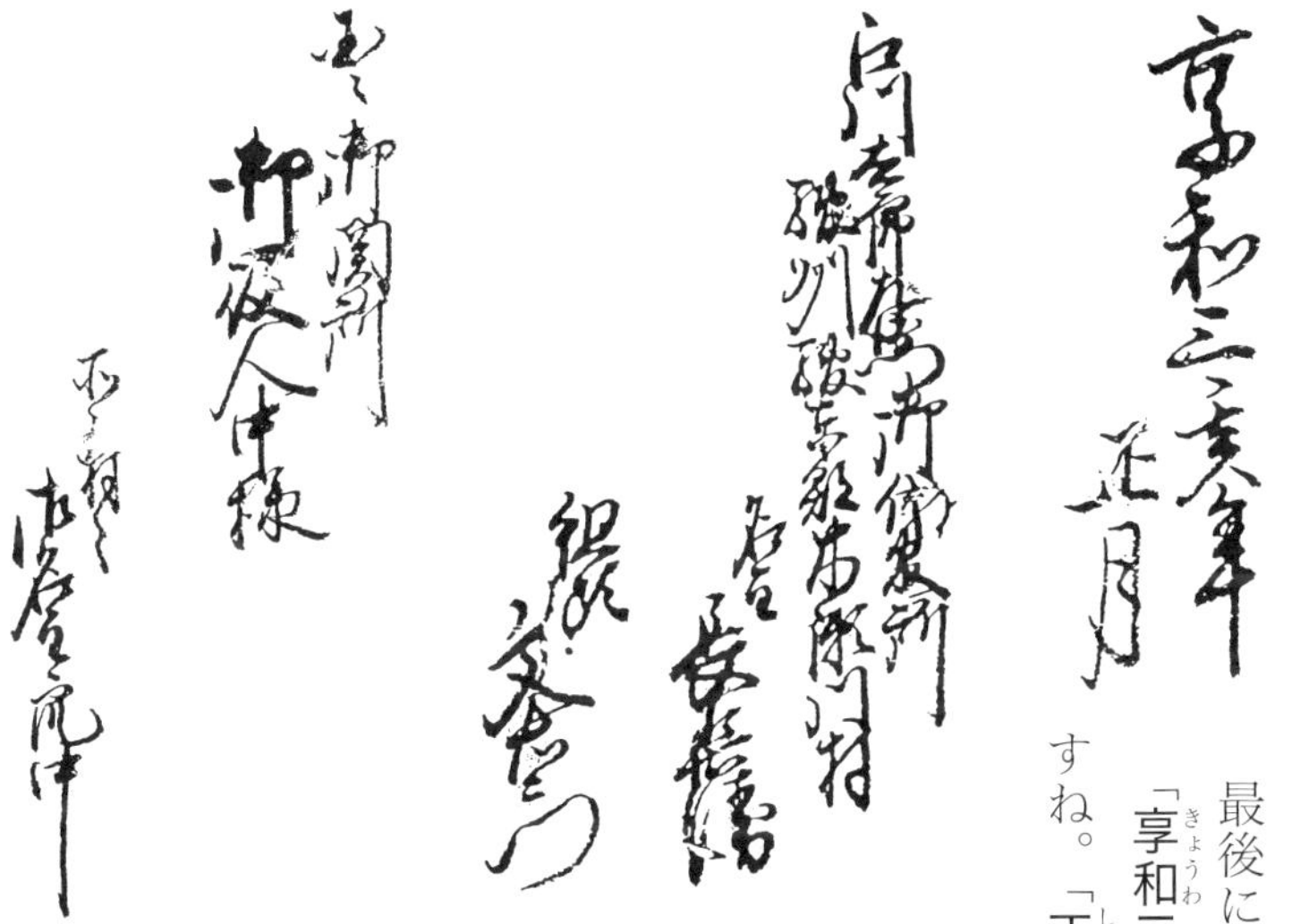

最後に日付・差出人・宛書をざっと見ておきましょう。「享和《きょうわ》三亥年《いのとし》」は西暦でいいますと一八〇三年です。江戸後半ですね。「正月《しょうがつ》」とありますが、「一月」と書かれることはまずありません。同様に「一年」は「元年」と表記されます。干支《えと》の「亥」の字は独特です。この字体で覚えてください。

次に差出人を読みます。この部分は形だけの走り書きにされることがしばしばありますが、この資料は比較的しっかり書かれている方です。最初は「江川《えがわ》太郎《たろう》左衛門《ざえもん》御代官《おだいかん》所《しょ》」と支配管轄が記されています。注意したいのは、「官」のくずしです。一般にと書かれますが、一見「友」にも見えます。「友」のくずしには「官」と間違えないように点を右肩に付ける慣習があります。次行は村名です。「駿州《すんしゅう》駿東郡《すんとうぐん》木瀬川村《きせがわむら》」と読みますが、これは②行目と同じです。二人の名前が書かれています。一人目は「名主《なぬし》長兵衛《ちょうべえ》」、次は「組頭《くみがしら》　文右衛門《ぶんえもん》」と読みます。この二人

はもちろん村役人です。

最後に宛書ですが、この証文が「往来手形」と「関所手形」を兼ねているため、宛て先が関所役人と途中「世話」になるであろう村々の名主宛になっています。はじめに「国々御関所《くにぐにおせきしょ》　御役人中様《おやくにんちゅうさま》」と高い位置に書かれています。次に、少し低い位置に「所々村々御名主衆中《しょしょむらむらおなぬししゅうちゅう》」とあります。宛書の順序・位置にも重要な意味がありますので、そのようなことにも気を配ってください。

全文解読

①　往来証文之事《おうらいしょうもんのこと》
②　一《ひとつ》、駿州駿東郡木瀬川村《すんしゅうすんとうぐんきせがわむら》百姓小兵衛儀《ひゃくしょうこへえぎ》、私支《わたくしし》
③　配下之者ニ《はいかのものに》御座候趣《ござそうろうおもむき》(処カ)、此度心願御座候ニ付《このたびしんがんござそうろうにつき》、西《さい》
④　国巡礼ニ罷出申候間《こくじゅんれいにまかりいでもうしそうろうあいだ》、国々《くにぐに》御関所《おせきしょ》并川々《ならびにかわがわ》
⑤　渡船等無二相違一《わたしぶねなどそういなく》御通被レ遊可レ被レ下候《おとおしあそばされくださるべくそうろう》、万一及レ暮《まんいちくれにおよび》
⑥　申候ハ《もうしそうらわば》、止宿等之儀《ししゅくなどのぎ》御世話奉二願上一候《おせわねがいあげたてまつりそうろう》
⑦　一《ひとつ》、此者宗門之儀者《このものしゅうもんのぎは》代々禅宗門ニ《だいだいぜんしゅうもんに》紛無二御座一候《まぎれござなくそうろう》、尤《もっとも》
⑧　旦那寺往来所持罷在候《だんなでらおうらいしょじまかりありそうろう》、若相煩候歟《もしあいわずらいそうろうか》、又者《または》

⑨　相果候共《あいはてそうろうとも》其所《そのところ》ニ而《にて》御取置《おとりおき》可レ被レ下候《くださるべくそうろう》、且又《かつまた》仕立飛脚《したてびきゃく》

⑩　を以《もって》及ニ御沙汰《ごさた》ニ一不レ申候《におよびもうさずそうろう》、幸便之節《こうびんのせつ》為ニ御知《おしらせ》一可レ被レ下候《くださるべくそうろう》

⑪　一《ひとつ》、此者《このもの》所書《ところがき》之儀《のぎ》東海道《とうかいどう》沼津宿《ぬまづじゅく》与《と》三嶋宿《みしまじゅく》之間《のあいだ》

⑫　木瀬川村《きせがわむら》ニ《に》御座候《ござそうろう》

⑬　右之通《みぎのとおり》少茂《すこしも》相違《そうい》無ニ御座一候《ござなくそうろう》、為ニ後日之一《ごじつのため》仍如レ件《よってくだんのごとし》

享和三亥年《きょうわさんいのとし》

正月《しょうがつ》

江川太郎左衛門御代官所《えがわたろうざえもんおだいかんしょ》

駿州駿東郡木瀬川村《すんしゅうすんとうぐんきせがわむら》

名主《なぬし》　長兵衛《ちょうべえ》

組頭《くみがしら》　文右衛門《ぶんえもん》

国々御関所《くにぐにおせきしょ》

御役人中様《おやくにんちゅうさま》

所々村々《しょしょむらむら》

御名主衆中《おなぬししゅうちゅう》

■国名一覧（五十音順）

安芸（あき）
安房（あわ）
阿波（あわ）
淡路（あわじ）
伊賀（いが）
壱岐（いき）
伊豆（いず）
和泉（いずみ）
出雲（いずも）

伊勢（いせ）
因幡（いなば）
伊予（いよ）
石見（いわみ）
越後（えちご）
越前（えちぜん）
越中（えっちゅう）
近江（おうみ）

大隅（おおすみ）
隠岐（おき）
尾張（おわり）
甲斐（かい）
加賀（かが）
上総（かずさ）
河内（かわち）
紀伊（きい）

上野（こうずけ）
相模（さがみ）
薩摩（さつま）
佐渡（さど）
讃岐（さぬき）
信濃（しなの）
志摩（しま）

下総（しもうさ）
下野（しもつけ）
周防（すおう）
駿河（するが）
摂津（せっつ）
但馬（たじま）

丹後（たんご）
丹波（たんば）
筑前（ちくぜん）
筑後（ちくご）
対馬（つしま）
出羽（でわ）

遠江（とおとうみ）
土佐（とさ）
長門（ながと）
能登（のと）
播磨（はりま）
肥後（ひご）

肥前（ひぜん）
備前（びぜん）
飛騨（ひだ）
常陸（ひたち）
備中（びっちゅう）
日向（ひゅうが）
備後（びんご）

豊前（ぶぜん）
豊後（ぶんご）
伯耆（ほうき）
三河（みかわ）
美濃（みの）
美作（みまさか）
武蔵（むさし）

陸奥（むつ）
山城（やましろ）
大和（やまと）
若狭（わかさ）

第11章

拝借金

——本陣修復拝借証文「拝借仕金子之事」寛政九年巳五月

幕府は大名・旗本・寺社・農民・町人・宿駅などに不時の入用、おもに火災・出水などの災害、公用施設などの充実・修復などの名目で「拝借金」を貸与し、財政援助を行いました。「拝借」「下付」といった言葉に示されているように、金銭の貸与や給付は、幕府がその支配体制を維持・強化する上で重要な役割を担っていました。古い例としては、大坂の陣のさいに前田利常に三万両、伊達政宗に一万五千両が貸与されました。その後、十七世紀中ごろ、水害・火災などによる大名への拝借金の貸与がかなりの頻度で見られるようになるのですが、貸与の条件・方法がこのころ整備されました。つまり、拝領高を基準とする割当て、十か年賦返納の二点です。その後、大名から旗本・御家人への貸与が行われ、寺社や宿場関係者への拝借金が行われるようになりました。宿場でも本陣・脇本陣の火災や老朽化による修復などでしばしば拝借金が必要となり関係役所を通して幕府や藩から貸付を要求することがありました。

本資料は、美濃路起《おこし》宿の本陣修復のため、本陣主・加藤右衛門七《えもしち》から地方《じかた》勘定所に願い出て、金八十三両を拝借したときの拝借証文です。起宿は、中山道に付属する脇往還である美濃路の宿場で、本陣一軒、脇本陣一軒、旅籠屋が二十数軒で、木曽川をひかえた渡船の宿場でした。本資料の差出人である加藤家は、関ヶ原の戦で福島正則が木曽川を越えるさい、渡河の手助けをしたことにより本陣職が与えられたと伝えられています。

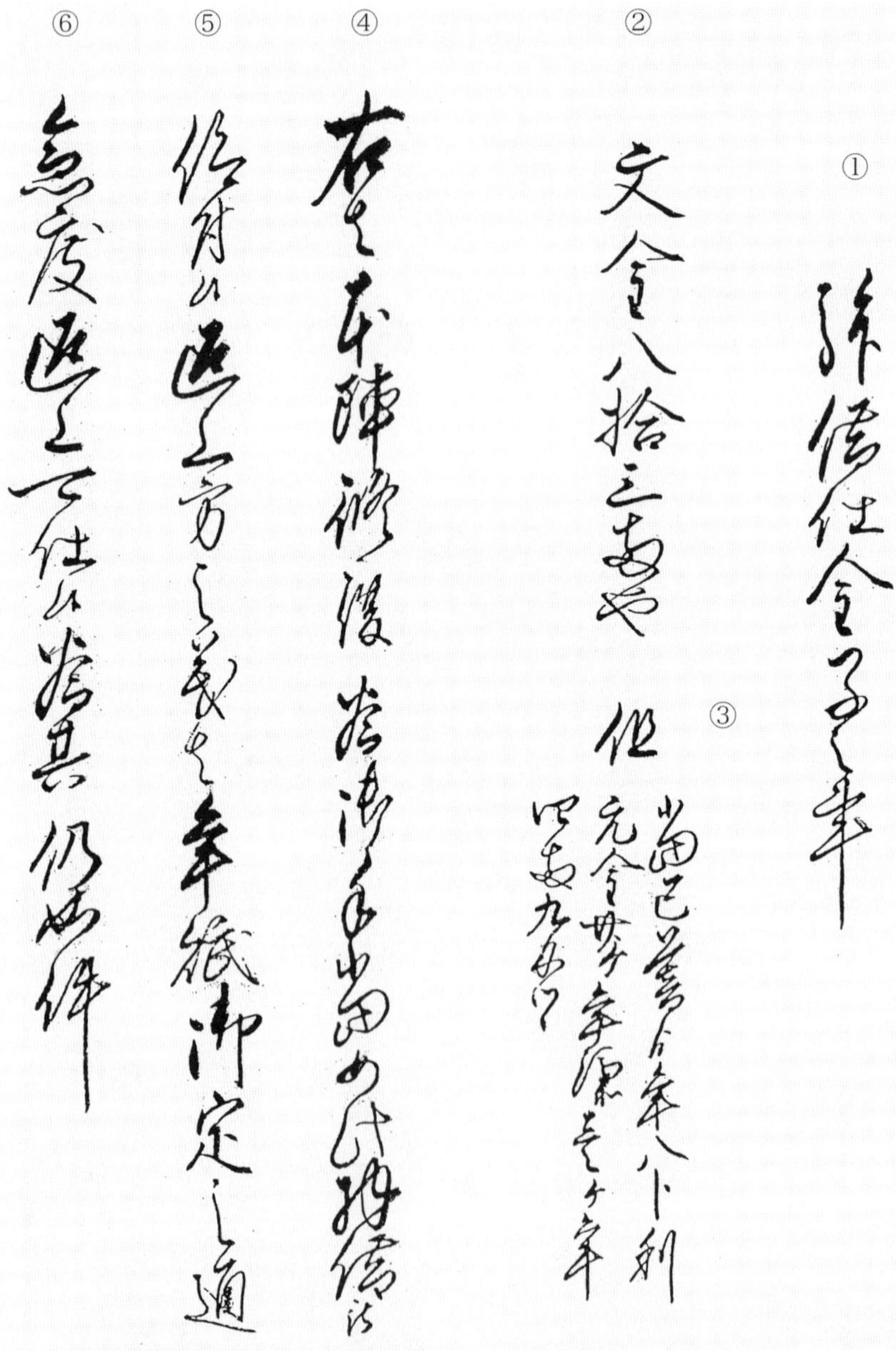
①
②
③
④
⑤
⑥

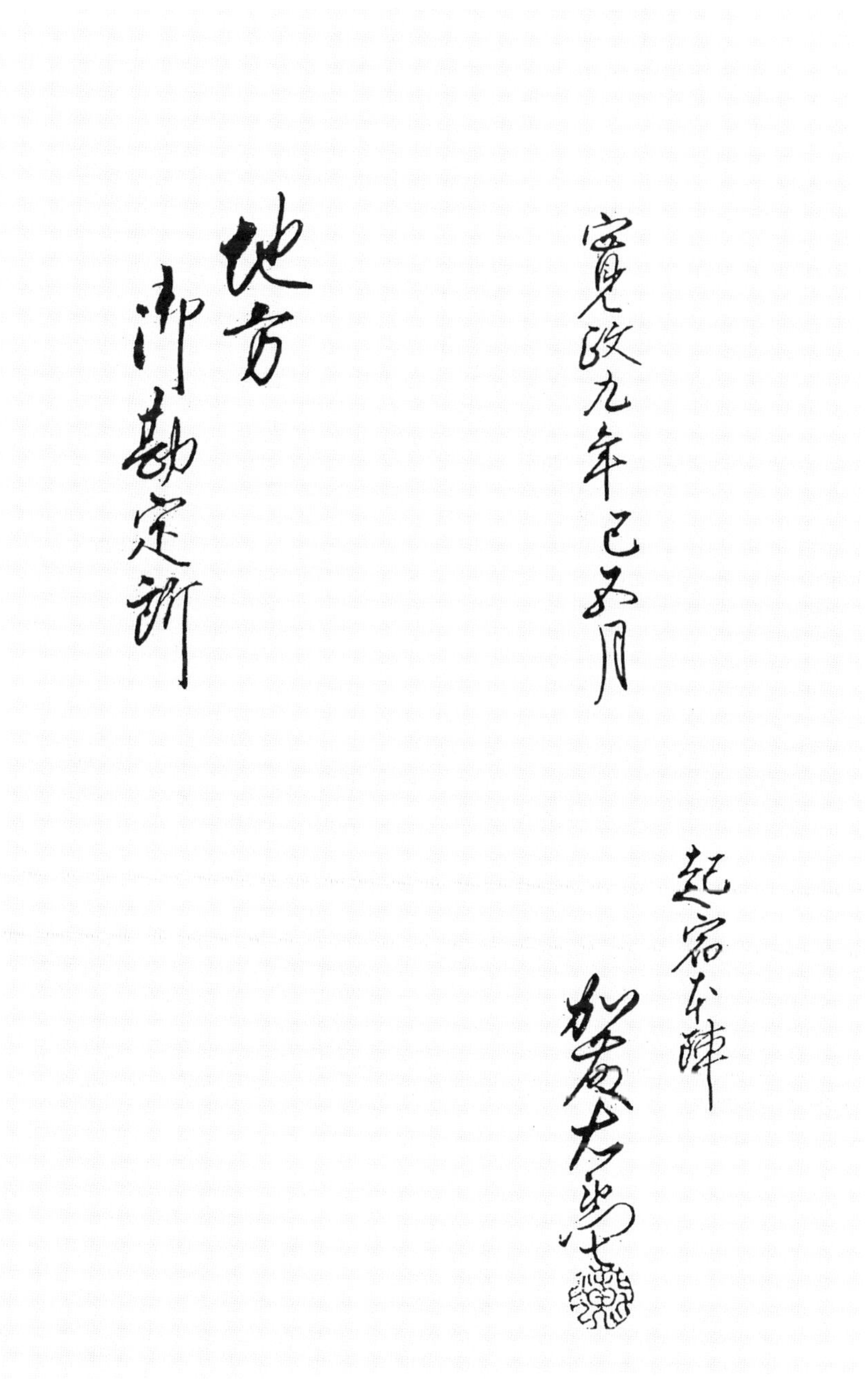
寛政九年巳五月
起宿本陣
加藤大[illegible]七
地方
御勘定所

（一宮市尾西歴史民俗資料館所蔵・加藤家文書）

①

まず表題（柱書・事書）から読みましょう。1・2字目ですが「拝借《はいしゃく》」と読みます。「弓《ゆみへん》」に似ていますが、「拝」の旧（正）字である「拜」の偏のくずしです。ですから「扌《てへん》」のくずしであるやとは全く違う字体になったのでしょう。旁は「許」の旁に似ています。「拝・拜」はほかに・・などとくずされます。「借」は・・・など、旁のくずし方が変化しますが、前後関係から判読してください。次は「亻《にんべん》」に「士」で「仕《つかまつる》」、「𠆢《ひとがしら》」に「主」は「金」、「金子《きんす》」は金貨・金銭のこと。6字目は「之」、最後は「事」です。「拝借《はいしゃく》仕《つかまつ》る金子《きんす》の事《こと》」と読み下します。

②

ここは比較的易しいくずし字が並んでいます。6字目は金の単位で「両《りょう》」と読みます。通しますと、「文金八拾三両也《ぶんきんはちじゅうさんりょうなり》」となります。「文金《ぶんきん》」というのは、元文元（一七三六）年に幕府が改鋳した金（銀）貨で、小判と一分金があり、楷書体で「文」の文字が刻されていたところから「文字金《ぶんじきん》」などともいいます。後の文政期にも発行されたため（草書体で「文」が刻されていた）、区別するため元文金（銀）、または古文字金（銀）、真字金（銀）ともいいます。金額の最後には「也《なり》」を付けます。平仮名の「や」のように書くのは「や」の字母漢字が「也」だからです。

③

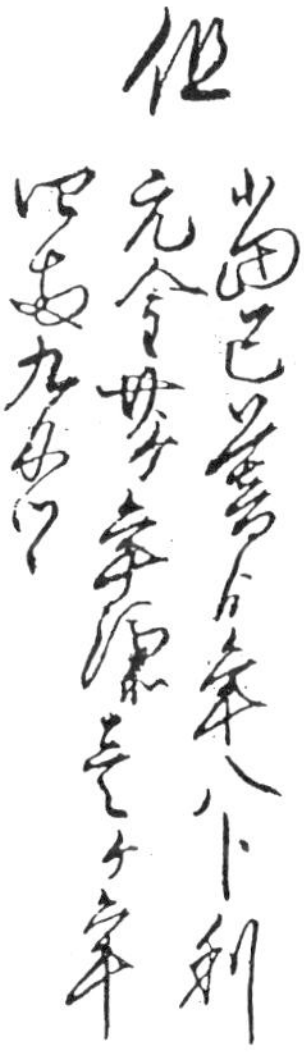

②で借用する金額が書かれていましたが、但し書きとして期限や金利等条件が示されます。但は「亻《にんべん》」に「旦」で「但《ただし》」です。条件の1番目は利子で「当巳暮ゟ年八分利《とうみのくれよりねんはちぶり》」とされています。つまり、今年巳年の暮から年間八分の利子、ということです。「巳《み》」はしばしば「已」と書かれます。「暮」は中央部分が・と書かれます。卜は「分」もしくは「歩」の異体字ですが、金銭や割合などで使われるときは「分」で、面積などの場合は「歩」となります。

2行目と3行目は期限と返済の金額が書かれています。返済期限は「元金廿ヶ年済」で、元金返済金額は「壱ヶ年四両九匁《もんめ》ツヽ」とされています。「済」の旁の字体に注意してください。済ともくずされます。但し書きを今一度整理しますと、拝借金八十三両の利子は八分とありますから六・六四両、一両は六十匁ですから〇・六四両は三十八匁四分、つまり利子は年に六両三十八匁四分となります。さて、元金は八十三両の二十分の一ですから四・一五両となります。元金の計算と同様に、六十匁で一両ですから〇・一五両は九匁です。したがって元金の返済額は年に四両九匁ずつとなるわけです。元利合わせて年々十両四十七匁四分の返済となります。

④

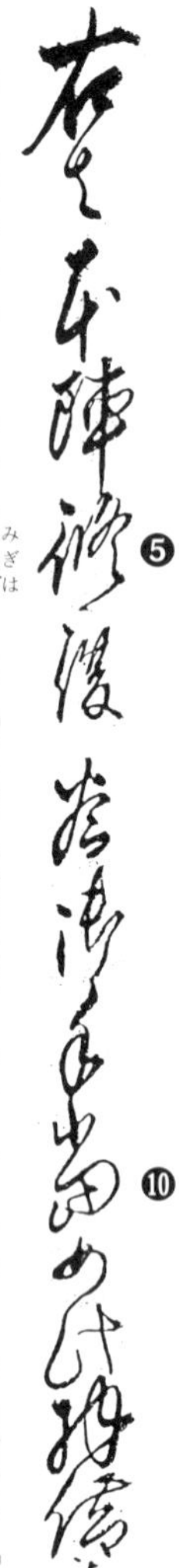

ここから本文に入ります。「右者《みぎは》」は「文金八拾三両」をさします。この金額は「本陣修復《ほんじんしゅうふく》」のための「手当《てあて》」つまり資金として「拝借《はいしゃく》」する、といっています。「本陣」は宿場ごとに設置された大名・幕府役人などが宿泊する宿舎のことです。「陣」はしばしば「陳」と書かれることがあります。「復」は異体字「復」が用いられています。「為」は返読文字で「〜として」と読みます。したがって「御手当として」と読み下します。「手当」というのは、①準備・用意、②手段・方法・処置、③報酬・資金などの意がありますが、ここでは「資金」が妥当と考えました。は下の字から先に「如レ此《かくのごとく》」と読みます。「拝」は表題と違うくずしを用いています。こちらは「扌《てへん》」の形がはっきりしています。最後のは尊敬・受身の助動詞「被《る・らる》」です。次行の冒頭の熟語を先に読みます。

⑤

1字目はいくつかある「仰《おおす》」のくずし方の一つです。ほかには・・などがあります。「仰《おおせ》付《つけ》」から前行の「被《る・らる》」に返り「仰せ付けられ」と読みます。6字目「方《かた》」は方法・手段のことです。「返《へん》上方《じょうかた》之《の》義《ぎ》者《は》」で、返済の仕方は、の意です。11字目は「貝《かいへん》」に「武」で「賦」。「年賦《ねんぷ》」は、拝借金を年額いくらと割り当てて支払うことです。月額で払う場合は「月賦」です。以下は「御定之通《おさだめのとおり》」と読みます。

⑥

冒頭「急度」は「きっと」と訓じ、必ず、の意です。8字目は④行目にありました「為」と同じくずしですが、ここは「〜のため」で、下から返って「そのため」と読みます。は、書止文言《かきとめもんごん》の常套句です。「仍《よ》って件《くだん》の如《ごと》し」で、「右に記したとおりです」ほどの意味です。

④行目から現代語訳しますと、**「右は本陣修復のため資金としてこの通り拝借を命じられました。返済につきましては年賦払いで決められたとおり必ず返済いたします。そのためにこの証文を認《したた》めますことはこのとおりです」**となります。

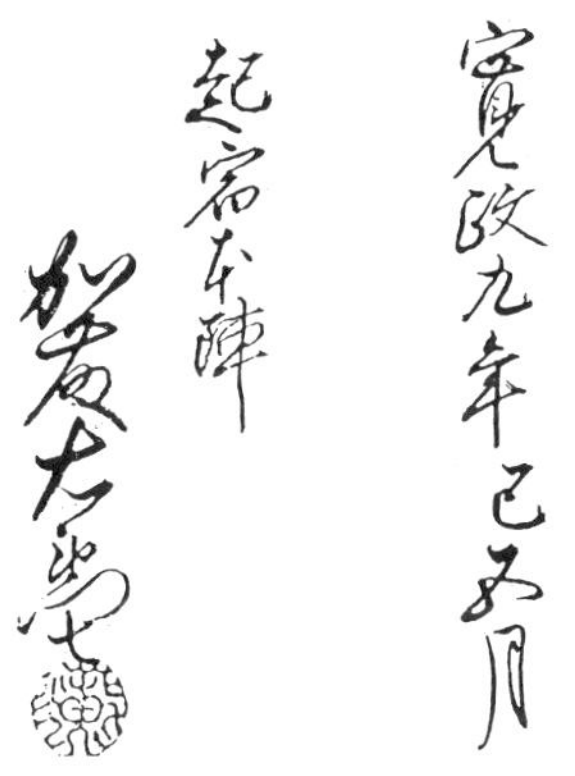

最後に日付・差出人・宛書を読んでいきましょう。「寛政九年」は西暦一七九七年です。次は「己」と書かれていますが、年号の次に来るのは干支《えと》（十二支）ですから「巳《み》」と読みます。は「五」ですが、数字についてはそれぞれ筆順を覚えて自分で書けるように練習してください。

差出人は美濃路の宿場・起宿の本陣主である「加藤右衛門七《えもしち》」です。ちなみに十一代目・加藤磯足が、国学者の本居宣長を自宅に宿泊させ夜歌会を催したのは寛政五年四月のことでした。

地方御勘定所

さて、宛書ですが「地方御勘定所《じかたおかんじょうしょ》」とあります。近世、起宿は徳川御三家の一つ、尾張徳川家の名古屋藩領でした。これは地方（村方）の行政・司法を管掌した役所です。

全文解読

① 拝借《はいしゃく》仕《つかまつる》金子《きんす》之事《のこと》

② 文金八拾三両也《ぶんきんはちじゅうさんりょうなり》　③ 但《ただし》　当巳暮《とうみのくれ》ゟ《より》年八分利《ねんはちぶり》
元金廿ヶ年済《がんきんにじっかねんすまし》　壱ヶ年《いっかねん》
四両九匁ツ、《よんりょうきゅうもんめづつ》

④ 右者《みぎは》本陣修復《ほんじんしゅうふく》為二御手当一《おてあてとして》如レ此《かくのごとく》拝借《はいしゃく》被二《おお》

⑤ 仰付一候《せつけられそうろう》、返上方之義者《へんじょうかたのぎは》年賦御定之通《ねんぷおさだめのとおり》

⑥ 急度返上可レ仕候《きっとへんじょうつかまつるべくそうろう》、為レ其仍如レ件《そのためよってくだんのごとし》

寛政九年巳五月《かんせいくねんみのごがつ》

起宿本陣《おこしじゅくほんじん》

加藤右衛門七《かとうえもしち》㊞

地方《じかた》

御勘定所《おかんじょうしょ》

第12章 普請——川荒欠所見分願書「乍恐書付を以奉願上候」寛政十一未年十月

道や橋などの土木工事、さらに建築工事一般を含め「普請《ふしん》」といいます。幕府・領主にとって農民が安心して農耕を行い、生活するため、治水と利水は最も重要な課題のひとつでした。日常的な河川・用悪（排）水の維持管理や、大水のさいの復旧など、さまざまな場面で普請が行われました。

近世中期以降、主に関東地方では、利根川・荒川など特定の大河川や基幹的な用悪水は幕府が直接管理していました。一方、村内の灌漑用悪水の管理は、村方の責任で行っていました。幕府や領主が堤川除《つつみかわよけ》・用悪水・道の整備・橋の設置や修理などの材料や費用を一部ないし全部負担する土木工事を「御普請《ごふしん》」といい、村方が独自に行う工事を「自普請《じぶしん》（百姓自普請）」といいます。用悪水や道橋は、一か村だけでなく数か村が受益する場合も多く、その場合には受益する村々の間で組合が結成されることもありました。また、幕府が管理する普請（公儀普請）を「御普請」というのに対し、旗本が知行地で独自に実施する普請（私領普請）を「自普請」という場合もあります。このように、一口に河川の普請といっても、材料・費用の負担方法、工事の主体者、日常管理と臨時の洪水などの違いにより、さまざまな種類がありました。

さて、「武州入間郡平山村」は現在の埼玉県入間郡毛呂山町にあり、西にはなだらかな奥武蔵の丘陵が連なります。この武蔵丘陵を流れる河川もしばしば氾濫し、そのつど堤防の普請が行われました。寛政十一年（一七九九）八月の大水で平山村の堤防が決壊したため、領主である旗本役所へ実地調査を願い出たのがこの古文書です。年貢の収納などにも影響することから、平山村の人々は、旗本の出費による自普請（私領普請）にしたかったのでしょう。

①乍恐書付を以奉願上候

②一御知行所武州入間郡平山村役人一同

③奉願上候、平山村請通り流レ候川筋

④先年より川荒仕、請通り百姓農業

⑤道川欠ニ而難儀仕候村文尚来

⑥八月大雨ニ而右之場所ニ而人

⑦難儀ニ奉存候、此度高場村川欠

⑧御見分ニ御出役之節御慈悲

⑩　⑨

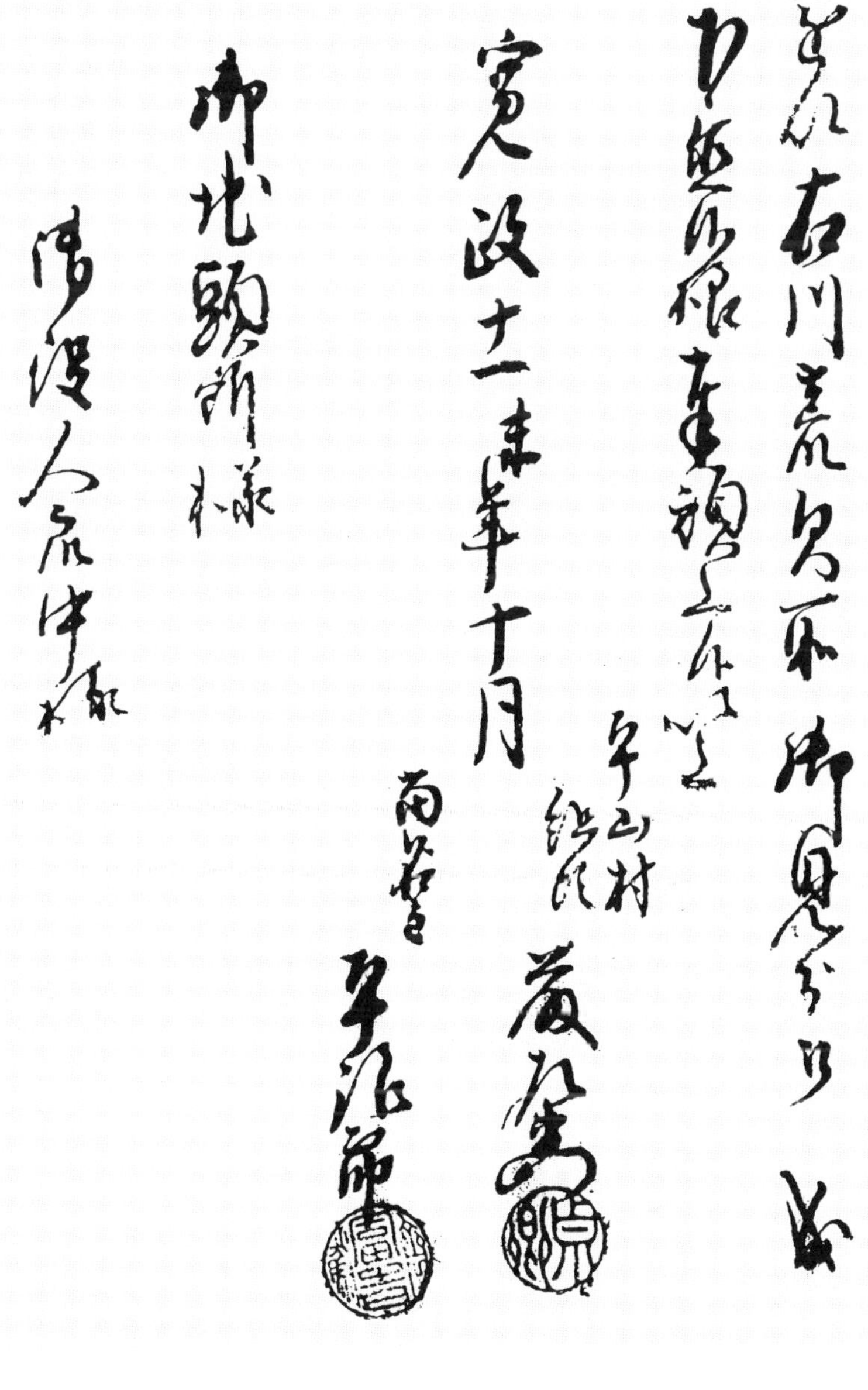
寛政十二未年十月
平山村
組頭
名主
御地頭所様
御役人衆中様

（埼玉県立文書館所蔵・平山家文書No.３９８３）

①

願書の表題として最も一般的な文章です。目を閉じてでも言えるように練習してください。1字目は「久」にも見えますが、次の「恐」から先に読む返読文字で「乍レ恐《おそれながら》」です。「乍」には大別してとの二通りのくずし方があります。3字目以下は普通「以二書付一・」と書かれることが多いのですが、ここでは「を以」が「書付」の後に来ていますが、しばしばこのように書かれます。8字目の「願」は偏の「原」がはっきりしませんが・と書かれることが普通です。通して読み下しますと「恐《おそ》れながら書付《かきつけ》をもって願《ねが》い上《あ》げ奉《たてまつ》り候《そうろう》」となります。「恐れ多いことですがこの書類を提出してお願い申し上げます」の意です。

②

一つ書きの様式です。はじめに「御知行所《ごちぎょうしょ》」とありますからこの「平山村」は旗本の領地であることが分かります。ちなみに、「御代官所」「御支配所」とあれば幕府直轄領（天領・御領）のこと、「御領分」とあれば大名領、「御領知」とあれば徳川御三卿（田安・一橋・清水の三家）領のことです。4字目の「行」の旁は「断」「新」「軒」の旁とほぼ同形です。「武州」は「武蔵国《むさしのくに》」のことで現在の埼玉県・東京都および神奈川県北部です。「入間郡平山村役人共《いるまぐんひらやまむらやくにんども》」の「共」のくずしには・・な

どがあります。16字目は片仮名の「フ」に見えますが次の「同」とで「一同《いちどう》」と読みます。

③ 

この行では前行の「村役人一同」がどうしたかと書かれています。それは表題にもありましたが、「奉二願上一候《ねがいあげたてまつりそうろう》」、つまり宛書にもあります「御地頭所様《ごじとうしょさま》御役人衆中様《おやくにんしゅうちゅうさま》」に願いごとを訴えているわけです。「候」の下の5字目は走り書きで判然としませんが、前後関係から主語を表す係助詞の「は（者）」でしょう。9字目は「氵《さんずい》」のように書かれていますが「彳《ぎょうにんべん》」で「後」と読みます。以下「後通リ《うしろとおり》流レ《ながれ》候《そうろう》川《かわ》之《の》儀《ぎ》」と読みます。前行から現代語訳しますと「知行所である武州入間郡平山村の役人方一同がお願い申し上げますことは、平山村の裏通りに流れている川は」となります。

④ 

行頭は「先々より」と読みます。「さきざきより」または「せんぜんより」と読みます。「先前より」と同じ意味で、「まえまえから」という意です。次は「川荒《かわあれ》」です。川が増水して、堤防が決壊するような状況をいうのでしょう。「荒」は「荒」もしくは「荒」という異体字が用いられています。ちなみに「荒」の異体字で「荒」という字体もしばしば使用されます。8字目以下は「後通り《うしろとおり》之《の》百姓農業《ひゃくしょうのうぎょう》」と読みます。

⑤

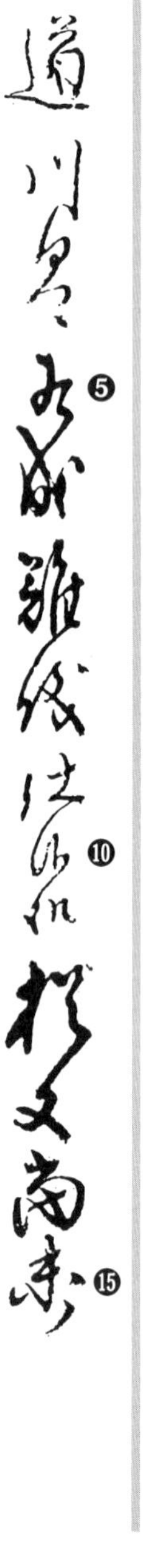

1字目は「**道**」です。前行の「**農業**」から続いて「**農業道**」ということでしょう。読み方は「**のうぎょうみち**」もしくは「**のうぎょうどう**」と思われます。この農業用の道が「**川欠ニ相成**」ということですから、川の水流が激しくなり堤防が決壊し、田畑が流失・荒廃したことが何度かあったのでしょう。そのため「**難儀**」したようです。「**難儀**」とは生活が苦しくなることです。また、「**難**」は異体字の「**雉**」が用いられています。「**仕候処**《つかまつりそうろうところ》」は「〜したおり・〜したところ」の意味です。

③行目6字目からここまでの文意は「**平山村の裏通りを流れる川は、まえまえから氾濫して、裏通りの百姓たちは農業用の道が川の決壊で流失して困っていましたところ**」となります。

さて、12字目のは一見「扌《てへん》」に見えますし、旁も極端に省略されています。しかし、次の「**又**」と共に熟語として見て「**猶又**《なおまた》」と判読します。「猶」は典型的な字形ですからぜひ覚えてください。「猶亦」も同意です。「**猶**」を用いた熟語には「猶以《なおもって》」「猶更《なおさら》」などがあります。

14字目は何度か出てきましたが「**当**」です。旧(正)字は「**當**」ですが、このくずし字体は新字体か旧(正)字体か判然としませんが、その中間という感じでしょうか。「**当**」は今年、今をさします。たとえば「当時」というと「現在」の意味です。15字目は「未」か「末」ですが、前後関係から当然「**未**《ひつじ》」となります。「このうえ未年《ひつじのとし》の」ということです。当然この後には「未年《ひつじのとし》の」何月ということになります。

⑥

前行の「当未ノ《とうひつじ》」から続きます。「八月」に「大出水ニ付」と大水が出たといっています。「出」の字体ですが、中央の縦棒が省略されています。他のくずし方には・・などがあります。3番目の「出」は上下に分けて「山」＋「山」と考え、下の「山」をおどり字（〻）にした字体です。次に「水」の字体を覚えてください。模式的に書くと「」となります。8字目以下の「右之場所」は問題なく読めるでしょう。次は「多方《おおかた》」ですがもちろん「大方」の誤字です。「ほとんど」の意味ですが、このような誤記はあたりまえで、慣用的な用法ともいえます。最後は「欠ケ入《かけいり》」とあります。小さく書かれた「ケ」をしっかり判読しましょう。大水で川が決壊したのでしょう。「欠」という語には、破損という意味がありますから、「欠ケ入《かけいり》」とは、川の堤防が決壊して大水で田畑や屋敷地が水に浸かることです。田畑が水浸しになり、屋敷も床上浸水ということもあったかもしれません。

⑦

1字目は、⑤行目でも出てきましたが「難」の異体字「雉」です。「難義《なんぎ》ニ《に》奉レ存《ぞんじたてまつり》候《そうろう》間《あいだ》」と読みます。「候《そうろう》間《あいだ》」の「間」はもう慣れましたか。「門《もんがまえ》」が「つ」になり、その下に「日」が省画されて書かれます。

⑤行目12字目からここまでの文意は、**「なおまた、未年《ひつじ》の今年八月に大水が出てしまい、右の場所が**

大部分押し流されて困っていますので」となります。

8字目「**此**《この》」は基本的な用語でもあるくずし字です。「**其**《その》」といっしょに必ず覚えてください。ここで復習の意味でそれぞれの典型的なくずし字を確認しましょう。

此 

其 

さて、10字目は「馬」です。上に点がつくと「**高**」です。境界線上のくずし（高・馬）もありますので注意してください。馬場村は平山村の2里ほど北にある農村です。さて、行末の「**川欠**《かわかけ》」は読めますね。河川の堤防が決壊して田畑に水が流入し荒廃することです。馬場村でも被害が出る大風雨があって河川が氾濫したようです。

⑧

はじめは「**御見分二**《ごけんぶんに》」と読みます。「**見分**」は現在では「**検分**」とも書きますが、近世の古文書ではほとんど前者の「**見分**」が用いられます。意味は両方とも被害の状況を調べることです。調査のため「**御出役二付**《ごしゅつやくにつき》」、つまり役人が出張してくる、というのです。その際に平山村の状況も「**何卒**《なにとぞ》　**御**《ご》**慈悲**《じひ》**を以**《もって》」云々と次行へ続いていきます。「**御慈悲**」の上が1字あいているのを**欠字**《けつじ》といいます。

⑨

前行からの続きで、行頭は「を以《もって》」ですから「御慈悲を以」、つまり御地頭様のお情けで、ということですが、これは願書の常套句です。「川荒《かわあれ》」は④行目で出てきました。次の「欠所」は「かけしょ」と読みます（『算法地方大成』）。さて、『図録・農民生活史事典』（柏書房）の「水防」の節に「欠所」という項目があります。この本によると、「堤が部分的にくずれ落ちながらも水流を支えきった場合、堤欠所と呼び、堤が押し切られた場合、堤切所《きれしょ》と呼ぶ」とあります。この文章では、堤防が崩れ落ちても川表（堤の外側）に水が流れ込まない場合を「堤欠所」としていますが、本文書では「川欠ニ相成《かわかけにあいなり》」とあるので、地域により「欠所」の意義は異なるようです。

8字目以下は「御見分被レ成《ごけんぶんなされ》」とありますが、次行に続きますのでここは読み方だけの紹介で終わります。

⑩

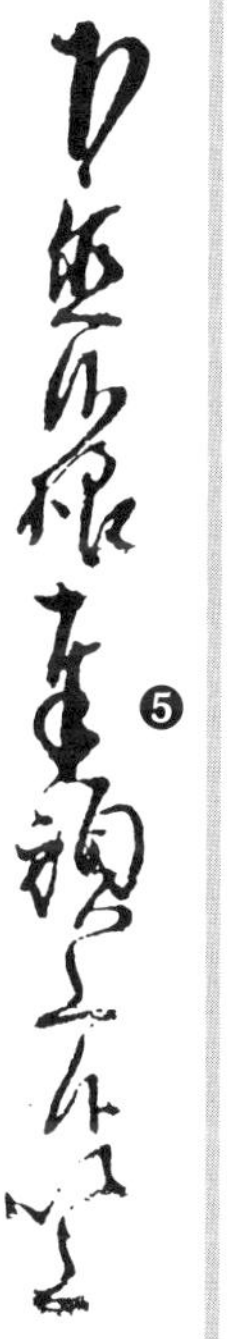

1字目は「下《くだす》」、次は「置」ですから「下《くだ》し置《お》く」となりますが、前行「被」から続いていますから、「成《な》し下《くだ》し置《お》かれ」と読みます。意味は「（御見分を）してください」ほどの意味です。以下、「候様奉二願《そうろうようねがいあげ》上一候、以上《たてまつりそうろういじょう》」と、自村の被害調査を願い出ています。⑦行目「此度」から現代語訳しますと「**この度馬場村の川欠の検分に出張なされるようですので、どうかお情けをもって当村の右に述べました川荒欠所の検分もしてくださいますようお願い申し上げます**」となります。

この書類が通ると役人による調査が行われるのですが、原則としてこの普請（工事）にかかる費用は村側が「目論見」として見積りを役所に提出します。それをもとに村の負担額、支配者側の負担額が決定されることになります。

最後に日付・差出者・宛書を読んで見ましょう。まず日付ですが「寛政《かんせい》十一未年《ひつじのとし》十月《じゅうがつ》」とあります。西暦でいうと一七九九年です。

差出者は「平山村　組頭　藤左衛門㊞」「当名主　平治郎㊞」の2名です。名主の名前が後に書かれていますが、身分の上の者が最後に書かれる場合と、反対に身分の高い者が先に書かれる場合があります。一般的には前者の例が多いようです。

宛先は、「御地頭所様　御役人衆中様」です。先に申し述べましたが、旗本の知行地の場合は、このように「御地頭所様」と書かれます。「泣く子と地頭には勝てぬ」という言葉がありますが、「地頭」とは領主のこと。とくに江戸時代では、旗本のことを指します。旗本は将軍直属の家臣で、幕府軍の中核であり、太平の世にあっては江戸城などの警備や官僚としての役職を持っていました。

寛政十一未年十月
平山村
組頭　藤左衛門㊞
当名主　平治郎㊞
御地頭所様
御役人衆中様

全文解読

① 乍レ恐書付を以奉二願上一候《おそれながらかきつけをもってねがいあげたてまつりそうろう》

②一《ひとつ》、御知行所《ごちぎょうしょ》武州《ぶしゅう》入間郡《いるまぐん》平山村《ひらやまむら》役人共《やくにんども》一同《いちどう》ニ《に》
③奉二願上一候《ねがいあげたてまつりそうろう》者《は》、平山村《ひらやまむら》後通《うしろとお》り流レ《ながれ》候《そうろう》川《かわ》之《の》儀《ぎ》
④先々《さきざき》より川荒《かわあれ》仕《つかまつり》、後通《うしろとお》り之《の》百姓《ひゃくしょう》農業《のうぎょう》
⑤道川欠《みちかわかけ》ニ《に》相成《あいなり》難儀《なんぎ》仕《つかまつり》候《そうろう》処《ところ》、猶又《なおまた》当未《とうひつじ》ノ《の》
⑥八月《はちがつ》大出水《おおしゅっすい》ニ付《につき》、右之《みぎの》場所《ばしょ》多方《おおかた》欠ケ入《かけいり》
⑦難儀《なんぎ》ニ《に》奉レ存《ぞんじたてまつり》候《そうろう》間《あいだ》、此度《このたび》馬場村《ばばむら》川欠《かわかけ》
⑧御見分《ごけんぶん》ニ《に》御出役《ごしゅつやく》ニ付《につき》、何卒《なにとぞ》御慈悲《ごじひ》
⑨を以《をもって》右川荒欠所《みぎかわあれけっしょ》御見分《ごけんぶん》被二成《なしくだし》
⑩下置一候様《おかれそうろうよう》奉二願上一候《ねがいあげたてまつりそうろう》、以上《いじょう》

平山村《ひらやまむら》

寛政《かんせい》十一未年《ひつじのとし》十月

組頭《くみがしら》　藤左衛門《とうざえもん》㊞

当名主《とうなぬし》　平治郎《へいじろう》㊞

御地頭所様《ごじとうしょさま》

御役人衆中様《おやくにんしゅうちゅうさま》

■方位・時刻表

【方位表と定時法】

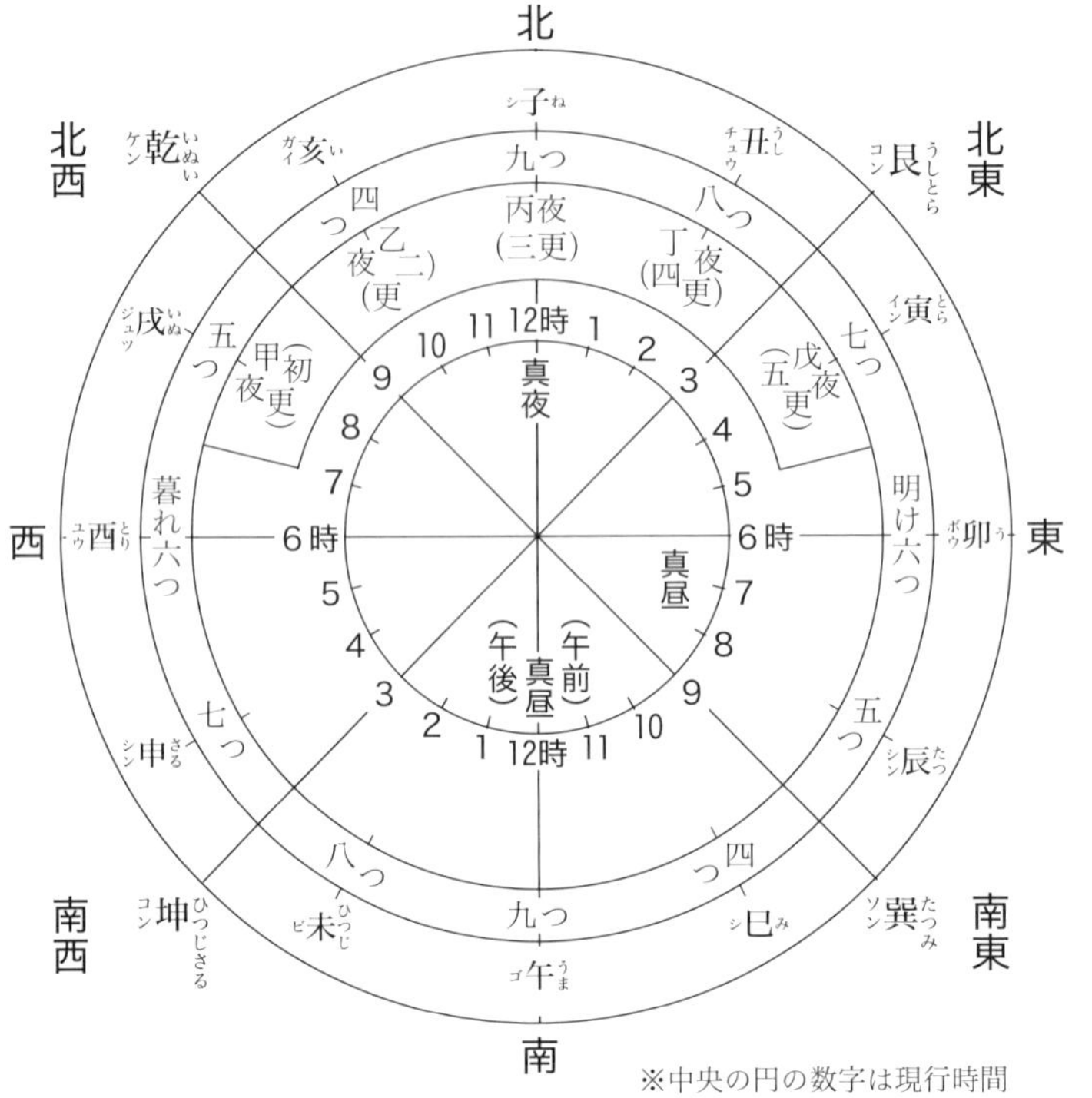

※中央の円の数字は現行時間

【不定時法】

刻	子	丑	寅	卯	辰	巳	午	未	申	酉	戌	亥	子
時	暁九ツ	暁八ツ	暁七ツ	明六ツ	朝五ツ	朝四ツ	昼九ツ	昼八ツ	昼七ツ	暮六ツ	夜五ツ	夜四ツ	暁九ツ

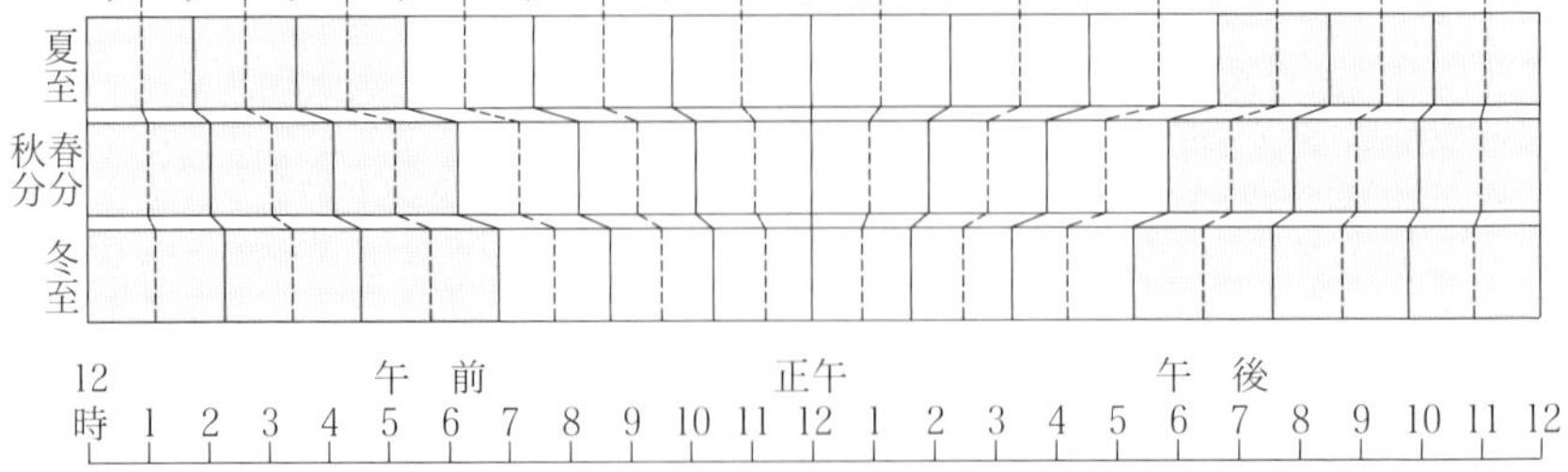

◉江戸時代の時刻の表し方には、定時法と不定時法がありました。民間ではおもに不定時法が用いられていましたが、これは、夜明けと日暮れを境に昼夜をそれぞれ六等分したもので、季節により時刻の長さに変動がありました。上に掲げました不定時法の表は、夏至、春分・秋分、冬至の時刻を示したものです。

第13章 地震・津波

——元禄地震津波被害届書 元禄拾七年申ノ正月

平成十六年末、インドネシアのスマトラ島沖で発生した大地震は、インド洋沿岸一帯に甚大な津波の被害をもたらしました。海の下で起きた地震には津波が伴うことは今日では常識であり、地震国であるわが国では警報の体制も整っていますが、それにしてもスマトラ沖地震は津波の恐ろしさを改めて思い知らされた出来事でした。科学的な測定ができなかった江戸時代では、人々は経験的な知識をもとに被害を減じることしかできませんでした。各地に残る地震と津波についての伝説は、その名残なのです。

元禄十六年（一七〇三）十一月二十三日丑刻《うしのこく》、南関東一帯にマグニチュード八・二と推定される大地震が発生しました。被害は甚大で、安房国嶺岡山《あわのくにみねおかやま》では長さ三里余の割れ目ができたといいます。また、相模国《さがみのくに》や房総半島沿岸では津波が発生し、最大で八メートルの高さにも達したといいます。房総半島南端では地面が四メートルも隆起しました。現代同様、津波は沿岸部の被害を拡大し、『新収日本地震史料』によりますと、安房国・上総国《かずさのくに》では幕府直轄領（天領）だけで死者四六五人、家屋被害二八四四軒、船三六一艘を数えました。この地震が一因となり、翌年三月十三日、宝永と改元されたほどでした。

写真の古文書は、その元禄地震に関わるものです。房総半島の先端西岬《にしざき》半島に位置する漁村、安房国安房郡坂田《ばんだ》村（現千葉県館山市）の被害状況を幕府代官へ届け出た書類の控です。人家と漁船の被害、不納分の年貢、海岸の地形の現状などについて書き上げています。では、本文を読んでみましょう。

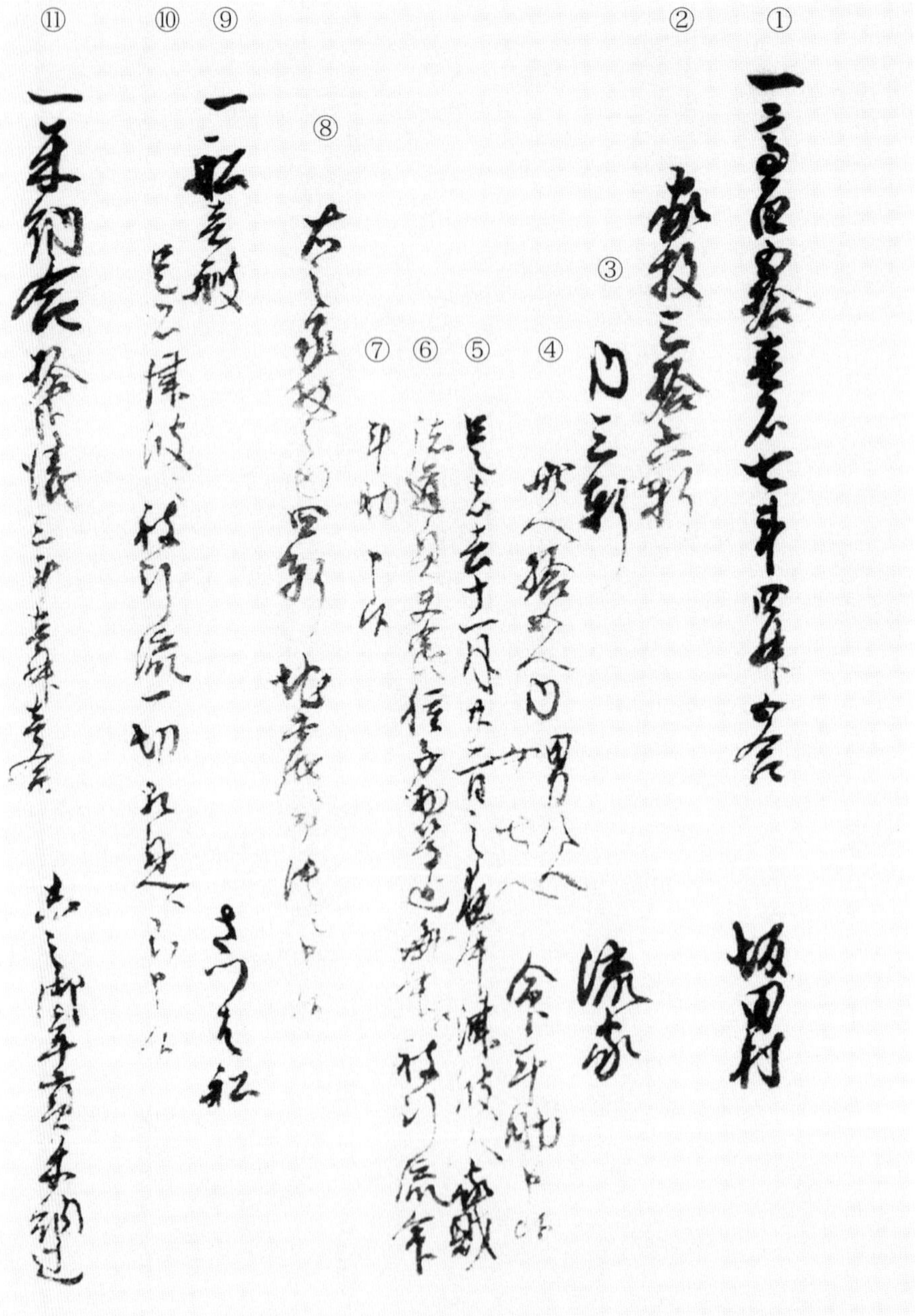
①
②
③
④
⑤
⑥
⑦
⑧
⑨
⑩
⑪

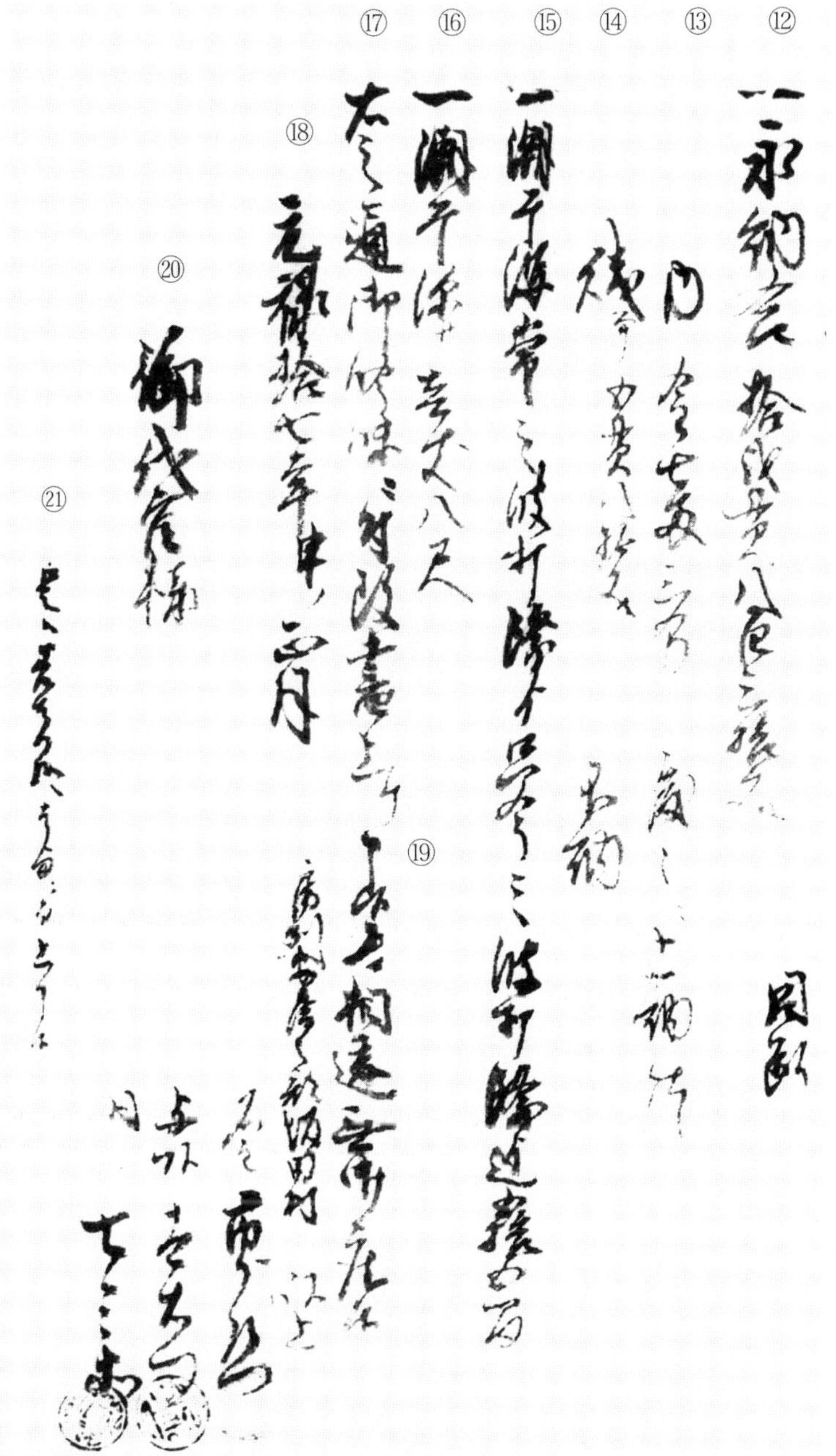

（館山市立博物館・海老原斉家所蔵文書）

①

表題はなく、一つ書きで始まります。①行目は「一《ひとつ》、高百五拾壱石七斗四升五合《たかひゃくごじゅういっこくしちとよんしょうごごう》　坂田村《ばんだむら》」と読みます。「一《ひとつ》」は箇条書きで、現代のように一、二、三…とは続かず、一《ひとつ》、何々、一、何々…と続きます。は「高《たか》」で、石高のこと。似たくずし字に「馬」があります。紛らわしいときは1画目が点か横長かで判断するとよいでしょう。

「高」の下に続く数字が、坂田村の村高となり、一五一石七斗四升五合の石高でした。「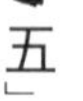五」のくずし字と「拾」、「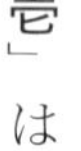壱」はよく出てくるので注意してください。「壱」はさらに省略され横棒三本になると、数字の「三」と区別がつきにくい場合もありますが、真ん中が長ければ壱です。石・斗・升・合は米などの容積の単位で、一升は一・八リットルほどです。一五一石余を俵数で表すと、年貢納入などで使われた幕府公定の換算では、一俵が三斗五升（実際には運搬中の脱漏分などとして、二升をあらかじめ加えました）ですので、約四四四俵ほどになります。

さて、ここは坂田村の村高を示したところです。村高とは、領主へ納める年貢諸役の賦課基準となる村の生産高を示します。幕府では全国の村々の村高を記す『郷帳』という台帳を完備していました。村高はこのように米の収穫量で表示されます。原則として、検地によって土地の実測調査がなされ、それを元に耕地の等級を決めて収穫量を見積もり、計算した数字が村高となりました。米を取らない畑地や屋敷地なども全て米の収穫量すなわち石高に換算され、合計されました。したがって村高は正確にいえば、米に換算された村の生産高の見積もりということになります。お金でなく米で換算したところが大きな特徴で、検地と村高の確定によって幕府は全国の村々を一つのものさしで把握することが可能となったわけです。そして、大名・旗本などへの知行宛行《ちぎょうあてがい》をはじめ村々への年貢賦課に至るまで、石高を基準として行なわれたのが江戸時代でした。

ところで、坂田村は海付の漁村で、農業だけではなく漁業も行なっていたので、この漁業生産高の一部も石高に編入しています。漁船にかかる船役網役永《ふなやくあみやくえい》一貫二五〇文を石高一二石五斗に換算して村高へ繰り入れていて（享保十二年「坂田村差出明細帳」）、これを海石《うみこく》といいました。主要な漁獲にたいしては年貢の中で船役、漁業運上として別に上納させていましたが、わざわざ一部を村高に結んだことは、幕府にとって石高が重要であったことを示しています。

② ③ ④
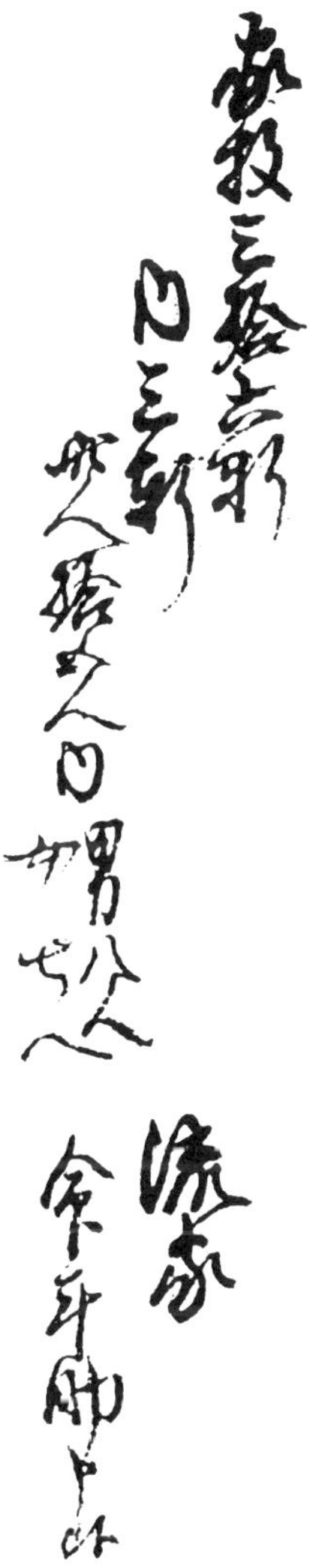

村高に続いて、②行目では「家数三拾六軒《いえかずさんじゅうろっけん》」とあり坂田村全体の家数が書かれて、③行目では「内《うち》三軒《さんけん》　流家《ながれや》」と津波の被害にあった家数が記されています。そして「此人拾五人内《このひとじゅうごにんのうち》」とあり、割書で「男八人」「女七人」と被災者数とその男女別人数が書かれています。「家」の冠は、「宀《うかんむり》」のくずし

字でよく出てくる形で、「数」は女が省略された異体字「敉」のくずし字です。「軒」の偏は車のくずしとなる場合もあります。旁は「干」のほか「斤」や「リ」のくずしとしてもでてきます。「此」はよく出てくる字体ですが、ほかにも楷書体からは想像できない頻出する字体として・などがありますので、一緒に覚えておいてください（192頁参照）。「内」は門にも似ていますが、意味で判断すると「内訳」のことですから「内」がもっともふさわしいことは明らかです。は「命《いのち》計《ばかり》助《たすかり》申《もうし》候《そうろう》」と読みますが、まず「命」の「𠆢《ひとがしら》」を除く部分は「印」のくずし字と同じです。はここでは「計」のくずし字として使われています。「申」は「中」とも読みたくなりますが、この形はすべて「申」で、最後は「候」の典型的なくずし字です。流失の津波で家が流されてしまった三家族十五人は、家財も流され命だけ助かったという意味です。三軒については注釈がつけられています。

⑤
⑥
⑦

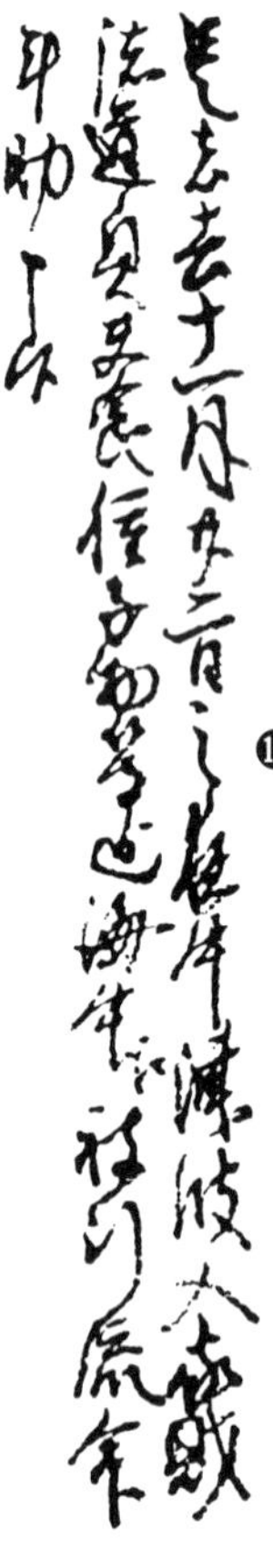

⑤行目は「是者《これは》去《さる》十一月廿二日之《の》夜《よ》中《なか》津《つ》波《なみ》入《いり》」と読みます。「是」は「足」とも似ています。「者」は変体仮名の「は」なので仮名として読みます。「去」は昨年（元禄十六年）のこと。一昨年は「去々」となります。日付が二十二日となっていますが、地震と津波が発生したのは正確には

日付けがかわった後のことです。11字目「夜」もよく出てくる字体。「中」は前行で出た「申」と違い、このようにしっかりと書かれます。16字目「家財」から次行に続き、「諸道具夫食《しょどうぐふじき》種子籾等迄《たねもみなどまで》」は、家財諸道具、食料、今年用の種籾がすべて、という意味です。くずし字では、「諸道具」の「諸」は、偏の「訁《ごんべん》」と旁の「者」、「種」の「禾《のぎへん》」と旁の「重」、「等」の「⺮《たけかんむり》」と「寺」はよく出てくる形です。また、「迠」は「迄《まで》」の異体字で頻出する語です。次のは「海中江被ニ引流ニ《かいちゅうえひきながされ》」と読みます。注意したいのは「江」は「仁」ではなく「え」の変体仮名であること、「被」は返読文字なので「引き流され」と下から返って読むことです。以下⑦行目は④行目と同様です。

⑧

この一つ書の最後ですが、「右之家数之内四軒地震ニ而潰レ申候《みぎのいえかずのうちよんけんじしんにてつぶれもうしそうろう》」とあります。2・5字目「之」はこれまでに何度も出てきましたが「の」と読み頻出する語です。9・10字目「地震」では「地」の旁の「也」、「震」の「⻗《あめかんむり》」はよく出てくる字体です。続く「ニ而《にて》」も頻出語句で、「而」は漢文の助辞が跡をとどめたとみられる真仮名の「て」です。「潰レ《つぶれ》」はやや難しいくずしですが、旁の「貴」はよく出てくる字体で、ここでマスターしておきたいくずしです。送り仮名の「レ」は「シ」にもみえますが、ここでは意味から「レ」としました。右の家数（坂田村の三十六軒）のうち、四軒が地震で潰れたとあり、坂田村では三十六軒中四軒が地震によって倒壊し、三軒が津波によって流失、合わせて七軒が甚大な被害を受けたことになります。

⑨
⑩

二条目は漁船の被害についての記述です。⑨行目はじめの4文字は「一《ひとつ》、舩壱艘《ふねいっそう》」で、行末には「さつは舩」と書き上げられています。「舩」は「船」の異体字としてよくみかける文字です。旁のない「舟」と書かれることもあります。一般的には「舟」は小さな舟をさす場合に使われますが、古文書では必ずしも区別していません。「さつは舩」の「は」は「者」の変体仮名です。さっぱ船とは鮑漁などで使われた、船底の平たい小型船のことでしょう。⑩行目は前条と同じく「是者《これは》津波《つなみ》ニ《に》被㆓引流㆒《ひきながされ》一切《いっさい》相《あい》見へ《みえ》不ㇾ申候《もうさずそうろう》」と注記があり、これ（さっぱ船一艘）は津波に引き流されてしまい、全然見つからない、とあります。くずし字では、「相《あい》」は頻出表現であり動詞の頭に付いて語調を整える意味を持つ接頭語です。「見へ」の送り仮名「へ」、返読文字の「不《ず》」なども注意したいくずし方です。

⑪

次の条目は、年貢についての書上《かきあげ》です。「一《ひとつ》、米納合《こめおさめあわせ》拾弐俵三斗壱升壱合」とあります。「米納合」は米で納める年貢高の合計という意味です。十二俵余は石高にして四石五斗一升一合ほどとなります。次は「未《ひつじ》之《の》御年貢《おねんぐ》米納辻《まいおさめつじ》」と読みます。「未」は十二支の「ひつじ」で、元禄十六年にあたります。

その年貢米上納の辻、すなわち合計という意味です。この米納年貢だけであったら、村高から見て年貢率は相当に低いと考えられますが、別に金銭で納める年貢もありました。

⑫ ⑬ ⑭

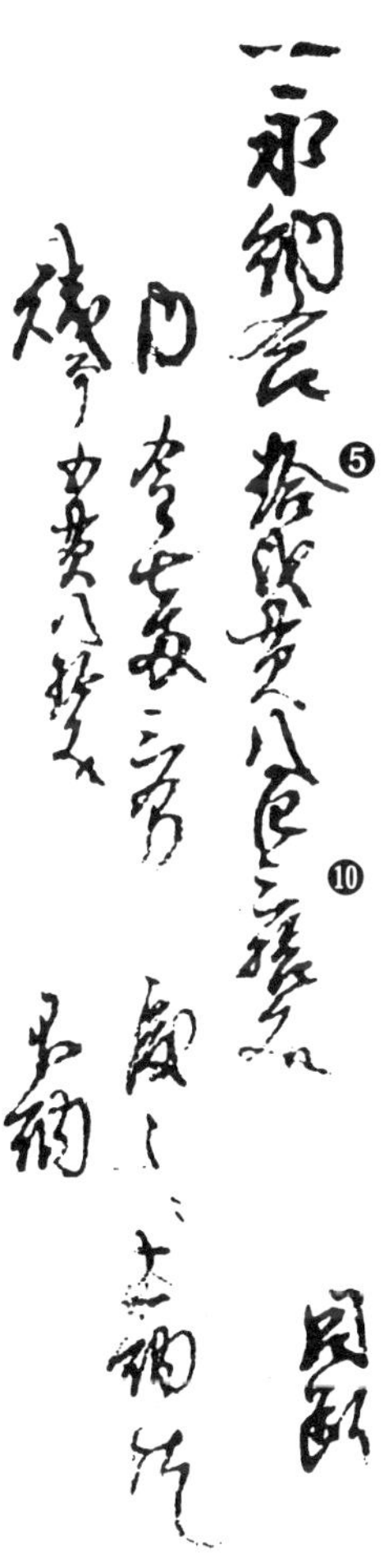

金銭で納める年貢が⑫行目に書かれています。「一、永納合《えいおさめあわせ》拾弐貫八百三拾文　同断《どうだん》」がそれにあたります。「永」は永楽銭のことです。永一貫は金一両に換算されました。じつは永楽銭は江戸時代には通用せず、金と銭との換算の都合上年貢計算などだけに使われた名目上の貨幣です。時代が下ると変動しますが、おおよそ永一貫は銭四貫文にあたります。したがって銭に直すと五十一貫三百二十文となり、金十二両と銭三百二十文ともなるわけです。なお、「貫」は「〆」と書かれることもあります。「同断」は米納年貢と同じである、つまり元禄十六年の年貢合計であるということです。

この年貢永については計算がされています。⑬行目に「内《うち》　金七両三分《きんしちりょうさんぶ》　度々ニ《たびたびに》上納《じょうのう》仕《つかまつり》　候《そうろう》」とありますが、永十二貫余のうち金七両（永七貫）と三分は夏成《なつなり》・秋成《あきなり》など年貢上納期のつどつどに納めたということです。金一分は、金一両の四分の一、すなわち永二五〇文ですので、上納分は全部で永七貫七五〇文となります。それ以外は、⑭行目で「残而」として「（永）五貫八拾文」が「不納」でした。こうした年貢未納分が出たのは、地震の影響であろうと考えられます。

⑮

⑯

いよいよ最後の二条となりました。まず五条目（⑮行目）は、「一《ひとつ》、潮干潟《しおひがた》」が、「常之波打際ゟ《つねのなみうちぎわより》只《ただ》今之波打際迄《いまのなみうちぎわまで》」、つまり日ごろ（ここでは地震前のこと）の波打ち際から、地震後の波打ち際までの距離が、「五拾五間《ごじゅうごけん》」ある、と記されています。館山湾岸では、元禄地震によって土地が隆起しました。その結果、五十五間（約百メートル）ほど、干潟が広がったわけです。現在海上自衛隊の基地がある湾上の沖ノ島は、このときの地震で地続きとなったのです。さて、くずし字で注意していただきたい文字は、10字目にある合字の「ゟ（より）」です。

続いて⑯行目を読みましょう。「一、潮干深サ壱丈八尺」とあり、干潟の水深が一丈八尺（約五・五メートル）あると書かれています。一丈は十尺です。「深」のくずし字は「源」と酷似しているので注意しましょう。送り仮名は片仮名の「サ」です。「高サ」「長サ」などでもよくみられる文字です。

⑰

冒頭の3文字は「右之通《みぎのとおり》」で、右の文章・箇条書きの通り、という意味です。続いて「御吟味ニ《ごぎんみに》付《つき》」とありますが、5・6字目「吟味《ぎんみ》」は調査・検討の意で、共によく出てくる言葉です。9字目の「改《あらため》」も頻出文字で、調査や取調べの意味です。とくに役所での取調べは「御改《おあらため》」などとも書かれます。「書上ケ」の送りは片仮名の「ケ」でこれも「ケ様《かよう》」「ケ条《かじょう》」「三ケ村《さんかそん》」「ケ間敷《がましき》」等々よく使われます。「申候」の次の字は虫損で不詳ですが、おそらく「通《とおり》」だろうと思います。数箇所に同じような虫損跡があるのは、この古文書が折りたたんで収納されていたさい、虫害にあったからです。「相違《そうい》」の「逹」は「違」の異体字で頻出文字です。18字目以下「無二御座一候《ござなくそうろう》」はもう読めますね。「無」は返読文字なので「御座」から返って読みます。「御座候・無二御座一候」は「～でございます・～ではございません」と「候」を少し丁寧にいうときに使うことばです。これも頻出用語なので、しっかり覚えてください。行末の「以上《いじょう》」は書止めの言葉で、「如レ件《くだんのごとし》」「依而《よって》如レ件《くだんのごとし》」などと同様、本文末尾の表現です。この一文は届書などの解読で最後によく出てくる文例となりますので、慣れておくと他の古文書の解読にも役立ちます。

⑱

⑲

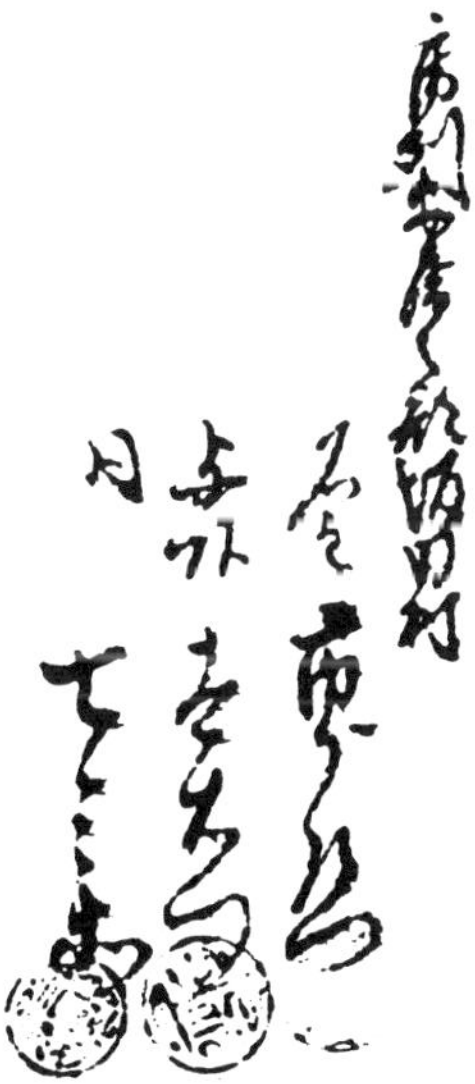

⑳

この文書が作成された日付、差出人、宛書を読んでみましょう。作成年は「元禄拾七年《げんろくじゅうしちねん》」とありますから、西暦でいうと一七〇四年です。この年の三月十三日に「宝永」と改元されます。次は「申《さる》ノ正月《のしょうがつ》」です。年記とともに干支や十二支が添え書きされるのが一般的です。「正月《しょうがつ》」の「正」はこの字体がほとんどです。数字の「四」と間違えないようにしましょう。江戸時代の古文書の場合、数字の四は縦長に「目」のような形（）でくずされることが多いので、筆順とともに区別はつくと思います。

差出人は「房州《ぼうしゅう》安房《あわ》郡《ぐん》坂田村《ばんだむら》」とあります。武蔵国の武州、相模国の相州などと同じく、房州は「安房国」をさします。「安房郡」はかつては山下《やまもと》郡とも呼ばれた房州四郡の一つです。肩書きと名前は、「名主《なぬし》　市郎左衛門《いちろうざえもん》」、「与頭《くみがしら》　太右衛門《たえもん》」「同《どう》　七兵衛《しちべえ》」で、それぞれ捺印があります。「与頭《くみがしら》」は組頭と同じです。名主と組頭は、村の代表者である村役人でした。くずし字では名主市郎左衛門の「郎」や、「右衛門」、「左衛門」、「兵衛」など頻出する名前はかなりくずされますが、このままの形で覚えておきましょう。宛所は「御代官様《おだいかんさま》」とありますから幕府代官宛だったわけです。当時坂田村は幕府領で、幕府代官による地震・津波の被害調査が行なわれたことが、前出の文面からもわかります。

㉑ 

末尾にある小さく走り書きされた一文は、「是八《これは》善右衛門《ぜんえもん》様《さま》へはま二而《にて》上申《あげもうし》候《そうろう》」と読みます。「是八」の「八」、「善右衛門様へ」の「善」と「様」などは頻出する文字です。「様」はくずし字の形も多いので、そのつど覚えていきましょう。「はまニ而《て》」の平仮名・片仮名部分はやや難しいようですが、「は」は変体仮名の「は」、「ま」は同じく「満」がくずれたものです。「浜で」という意味になります。「善右衛門」については不詳ですが、調査役人の下役ではないでしょうか。苗字がないので武士身分ではないと思われます。あるいは近隣村の取りまとめ役かもしれません。

全文解読

① 一、《ひとつ》　高百五拾壱石七斗四升五合《たかひゃくごじゅういっこくしちとよんしょうごごう》　坂田村《ばんだむら》
② 家数三拾六軒《いえかずさんじゅうろっけん》
③ 内三軒《うちさんけん》　流家《ながれや》
④ 此人拾五人内《このひとじゅうごにんのうち》　男八人《おとこはちにん》　命計助申候《いのちばかりたすかりもうしそうろう》
女七人《おんなしちにん》
⑤ 是者去十一月廿二日之夜中津波入《これはさるじゅういちがつにじゅうににちのよなかつなみいり》、家財《かざい》
⑥ 諸道具夫食種子籾等迄海中江被二引流一《しょどうぐふじきたねもみなどまでかいちゅうえひきながされ》、命《いのち》
⑦ 計助申候《ばかりたすかりもうしそうろう》
⑧ 右之家数之内四軒地震ニ而潰レ申候《みぎのいえかずのうちよんけんじしんにてつぶれもうしそうろう》

⑨ 一《ひとつ》、船壱艘《ふねいっそう》　さつは船《さっぱぶね》

⑩ 是者《これは》津波《つなみ》ニ《に》被二引流一《ひきながされ》一切《いっさい》相見《あいみ》へ不レ申候《えもうさずそうろう》

⑪ 一《ひとつ》、米納合《こめおさめあわせ》拾弐俵《じゅうにひょう》三斗《さんと》壱升壱合《いっしょういちごう》　未之御年貢米納辻《ひつじのおねんぐまいおさめつじ》

⑫ 一《ひとつ》、永納合《えいおさめあわせ》拾弐貫八百三拾文《じゅうにかんはっぴゃくさんじゅうもん》　同断《どうだん》

⑬ 内《うち》　金七両三分《きんしちりょうさんぶ》　度々ニ上納仕候《たびたびにじょうのうつかまつりそうろう》

⑭ 残而五貫八拾文《のこりてごかんはちじゅうもん》　不納《ふのう》

⑮ 一《ひとつ》、潮干潟常之波打際《しおひがたつねのなみうちぎわ》ゟ《より》只今之波打際迄五拾五間《ただいまのなみうちぎわまでごじゅうごけん》

⑯ 一《ひとつ》、潮干深サ壱丈八尺《しおひふかさいちじょうはっしゃく》

⑰ 右之通御吟味ニ付改書上ケ申候《みぎのとおりごぎんみにつきあらためかきあげもうしそうろう》（虫損・通カ）□　相違無二御座一候《そういござなくそうろう》、以上《いじょう》

⑱ 元禄拾七年申ノ正月《げんろくじゅうしちねんさるのしょうがつ》

⑲ 房州安房郡坂田村《ぼうしゅうあわぐんばんだむら》

名主《なぬし》　市郎左衛門《いちろうざえもん》㊞

与頭《くみがしら》　太右衛門《たえもん》㊞

同《どう》　七兵衛《しちべえ》㊞

⑳ 御代官様《おだいかんさま》

㉑ 是ハ善右衛門様《これはぜんえもんさま》へはまニ而《にて》上申候《あげもうしそうろう》

第14章 修験——不動院霞に付き寺社奉行覚書「覚」

この古文書は、江戸幕府の寺社奉行《じしゃぶぎょう》が発給《はっきゅう》した覚書です。本書がこれまでテキストとしてきた村方文書（地方文書《じかたもんじょ》）とは、少し趣を異にします。鳥《とり》の子紙《こがみ》という紙を使用していて、少し黄味がかった色で表面がつるつるしています。墨のにじみもありません。これは、今はなくなってしまった修験《しゅげん》寺院の幸手不動院《さってふどういん》（現埼玉県春日部市）に伝わったものです。修験とは山伏《やまぶし》のことをいいます。

ごく簡単に江戸時代の寺院制度について述べておきましょう。慶長二年（一五九七）、徳川家康が「関東浄土宗法度《はっと》」を設けたのを皮切りに諸宗・諸寺の法度が定められ、開幕後の元和元年（一六一五）には「諸宗寺院諸法度」を改めて発せられ、幕府の寺院統制の基本としました。また寺社管理の役職は、慶長十七年（一六一二）板倉勝重・金地院崇伝《こんちいんすうでん》の両名があたっていましたが、寛永十二年（一六三五）安藤重長・松平勝隆・堀利重の三名が寺社奉行となり、制度上の確立をみました。寺社奉行は譜代大名《ふだいだいみょう》が任じられた役職で、いわゆる江戸幕府の三奉行（寺社奉行・町奉行・勘定奉行）の一つとして重要な役職であったのです。

一方で諸寺院は、本末制度《ほんまつせいど》のもとで末寺として各宗派の本山に属し、本山の統制も受けるようになりました。この古文書の宛所である幸手不動院は、江戸時代本山派修験《ほんざんはしゅげん》の寺院で、聖護院《しょうごいん》（現京都府京都市）はその本山にあたります。それでは解読を進めながら、その内容についてもみてみましょう。

①
覚

② 栗橋ゟ西古利根川ハ猿ヶ俣渡

③ 隅田川ハ浅草川筋迄も下総国葛飾郡

④ 境ニ而、此川ゟも近来葛飾東西ニ相分

⑤ 西之方武州江入、依之不動院領之

⑥ 御朱印ニも武蔵国葛飾郡与被成下

⑦ 且又聖護院殿ゟ頂戴之證文下総一国之

⑧ 不動院可為霞之由有之候ニ付

⑨ 在々川向迄堺不動院進退不可
⑩ 有相違者也
延寳四丙辰年十二月九日　本長門（印）
太摂津（印）
小山城（印）
幸手
不動院

（埼玉県立文書館所蔵・不動院文書No.32）

① 

この覚書《おぼえがき》は、全体的に一つ一つ文字が区切られて書かれていて、一字一字のくずしは典型的なお家流《いえりゅう》のくずし字となっています。確かなことは言えませんが、寛永から寛文・延宝ごろの古文書では、村方文書でも他の時期とくらべて一字一字がはっきりと書かれることが多いようです。

表題は「**覚**《おぼえ》」です。「覚」は、当事者間で取り交わす取決書から領収書・勘定書などに至るまで、さまざまな種類の古文書で表題としてみられます。くずし方も多様なので、一度字典などで確認しておくとよいでしょう。今日の法律用語としての「覚書」よりは、広く用いられました。ここでは、後々まで定めておくことといった程度の意味になるでしょう。

② 

本文は、「**栗橋**《くりはし》**より西**《にし》」と始まっています。「**橋**」は典型的なくずし字。とくに旁はこの形で覚えておきたいくずし方です。平仮名2文字のうち り は「**利**」のくずし字で、今日用いられている「**り**」はそれをさらにくずした形となります。栗橋は、現在の埼玉県北葛飾郡《きたかつしかぐん》栗橋町で、江戸時代には五街道の一つ日光道中《にっこうどうちゅう》が通り、栗橋は宿場町《しゅくばまち》でもありました。ここで利根川を越えて中田宿《なかだじゅく》(現茨城県古河市)へと渡ります。通行改《つうこうあらた》めのための房川渡中田関所《ぼうせんのわたしなかだせきしょ》(俗称は栗橋関所)が設けられていました。続いて、

「古利根川筋《ふるとねがわすじ》・猿ケ俣舟渡《さるがまたふなわたし》」と読みます。「筋」の「⺮《たけかんむり》」は典型的な書き方なのでぜひ覚えてください。

③ 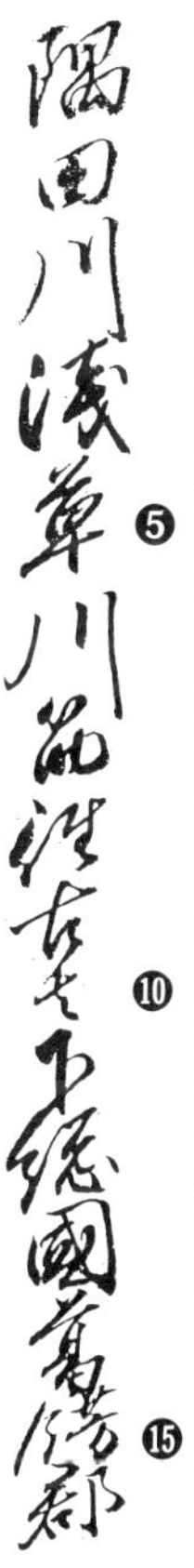

冒頭は「隅田川《すみだがわ》・浅草川筋《あさくさがわすじ》」と読みます。前行②と合わせて、古利根川筋から浅草川筋までは、現在の埼玉県東部と東京都東部を流れる川の名前と地名です。古利根川は中世までは利根川の本流筋でした。近世初頭の利根川改修によって川俣《かわまた》（現埼玉県羽生市）で本流とは切り離され、かつての流路の中流以下は、農業用水路・排水路（葛西用水《かさいようすい》と騎西領大落《きさいりょうおおおとし》）として利用されました。猿ケ俣はもともとは「三ケ又」で、旧利根川と隅田川が合流して流れた場所であるといわれます。ここには中世川関所が設けられており、渡船場《とせんば》があるなど水上交通の要所でもありました。当時は猿ケ又から隅田川へと川筋が続いており、浅草川はここでは隅田川の中下流部をさします。現在の地図を広げてみると、古利根川は大落古利根川として辿れるものの、猿ケ又から下流部は旧中川が通じており、隅田川とはつながりません。現代とはかなり異なった川筋でした。

8字目以下は「往古者《おうこは》」で「者」は変体仮名の「は」。くずしも典型的です。「かつては」という意味で用いられています。11字目以下は「下総国葛餝郡《しもうさのくにかつしかぐん》」と読みます。「総」は、まず偏は糸偏によくみられる形であり、旁上部の「八」は点二つが筆の勢いでつながってこういう形になります。は旧字の「國」。「葛餝郡」は葛飾郡で、「餝」は当て字ともいえますが、古代からこの「餝」も使われていました。

④

はじめは、「境《さかい》たりといへとも」と読みます。はぜひ覚えて欲しい変体仮名で、「多」をくずしたもの。「太」をくずした現代の「た」より江戸時代ではポピュラーに使われました。「り」は前出の通り。「いへとも」は「いえども」と読み、「も」の字母漢字は「毛」です。近世では「茂」もよく用いられます。まとめますと、**「栗橋から西側の古利根川・猿ケ又舟渡・隅田川・浅草川筋は、かつては下総国葛飾郡の境界でしたが」**という意味となります。

9字目は「近来《きんらい》」と読みます。はよく出てくる形です。「成」のくずし字と似ているので注意してください。最後の右側の「丶」の有無で判断するとよいでしょう。11字目以下は「葛《かつ》餝東西二《しかとうざいふたつ》に相分《あいわけ》」と読みます。は「尓」がくずれた変体仮名です。また「尓」の正字体は「爾」です。「二」とともによく出てくるので覚えておきたい仮名です。

⑤

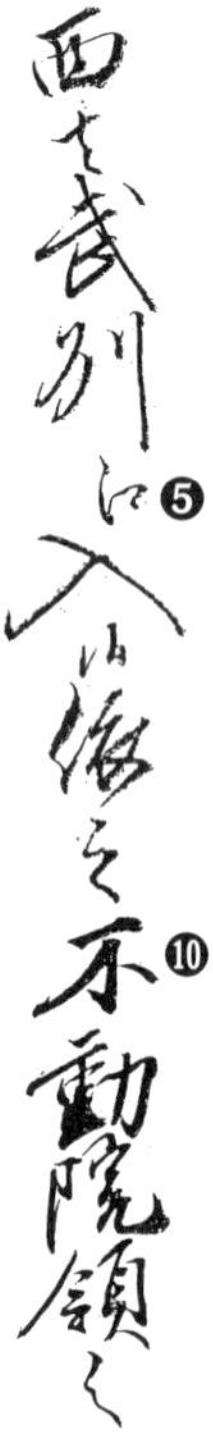

はじめの5文字は「西者武州江入候《にしはぶしゅうえいりそうろう》」と読みます。変体仮名の「者《は》」「江《え》」はともに頻出文字です。「江」は、現代仮名遣いでの「え」の場合と、「へ」の場合と、両者に使われます。「武州《ぶしゅう》」は武蔵国のことで、州は異体字の「刕」が使われることもあります。は「候《そうろう》」の典型的なくずし字です。文意は「近

年下総国葛飾郡を東西に分けて西側は武蔵国へ編入されました」ということです。この国郡界の変更は、江戸時代初頭、埼玉県東部地方の河川用悪水の改修・整備と新田開発が一段落した寛永十四年（一六三六）ごろまでに大部分は実施されました。これによって国郡境はそれまでの古利根川筋から庄内古川（現中川）筋へと変わったわけです。なお庄内古川は、江戸時代では江戸川に注いでいました。

8字目は「依之」で、「これにより」と下から返って読む頻出する表現です。10字目以下は「不動院領之《ふどういんりょうの》」で、こちらの「之」は変体仮名の「の」。続いて約2字分空いて改行されていますが、これは次行の「御朱印」へ対する敬意を示す平出《へいしゅつ》の表現です。同様な表現法に、1字分を空白とする欠字《けつじ》と、改行した上で最初の文字を本文より一段高く出す台頭《たいとう》の表現があります。古代には対象者に対する細かな規定・規則もあったようですが、近世では平出・台頭が使われるのは、将軍家がらみの言葉であることが多く、欠字は、例えば農民から武士へ宛てた文書など、身分違いの場合の文書では頻繁に使われました。

⑥

冒頭部分は「御朱印《ごしゅいん》」と読むのですが、これは、幕府が将軍名で発行する寺・社領の寄進状《きしんじょう》・安堵《あんど》状《じょう》のことです。将軍名の朱印が押されたことから「朱印状《しゅいんじょう》」と呼びます。そして、朱印状を以って認められた寺社領（境内を含む）のことを「朱印地《しゅいんち》」といいました。朱印地の田畑は年貢諸役が免じられ、寺社の運営経費などにあてられました。朱印状は、初代将軍徳川家康、二代秀忠、三代家光が寺社保

護のため寄進したものを、代々の将軍が追認したものです。代替わりによる朱印状の発給を、「**継目**《つぎめ》**安堵**《あんど》」といいます。朱印状は寺社領に関わるものだけではありませんが、制度的に確立し、数多くの寺社領朱印状が発給されたこともあって、江戸時代では朱印状というと、ふつう「寺社領朱印状」の事をさすようになりました。

さて不動院は、この文書の宛所《あてどころ》（受取人）である幸手不動院のことです。不動院の朱印地は、はじめは不動院があった小淵村《こぶちむら》の隣村、不動院野村《ふどういんのむら》（現埼玉県春日部市）にありましたが、慶安元年（一六四八）十月の徳川家光朱印状（不動院文書）では、同じく隣村の本郷村《ほんごうむら》（現埼玉県北葛飾郡杉戸町）に移りました。朱印高《しゅいんだか》は百石で、五〜十五石程度が一般的であった他の寺社の朱印高と比べて高いことがわかります。これは幸手不動院が地域内でも大きな修験寺院であったことを示しています。実は、不動院は関東地方の本山派修験の中では大きな寺院で、武蔵・下総にとどまらず多くの配下修験を従えて、統制する権限を持った寺院でした。それは戦国時代からの権益を引き継いだものであり、本山である聖護院の指示や命令を配下に伝えたり、本山修験の聖地である金峰山《きんぷせん》（現奈良県）での山伏の修行や、山伏の位階昇進を聖護院へ斡旋することで、大きな勢力を持っていました。高百石の朱印地はそうした寺格を考慮したものだったのです。

テキストに戻りますと、は前出の「**にも**（尓毛）」。6字目以下は「**武蔵国葛餝郡**《むさしのくにかつしかぐん》」で「蔵」は国名のほか名前でも頻出のくずし字です。続くは「**与**」で「**と**」と読みます。最後の横棒が省略されていますが、これもよく出る形です。行末のは「**被成下**」で「**なしくだされ**」と下から返って読みます。ここは、前述の国郡境変更があったので、不動院の寺領朱印状にも武蔵国葛飾

郡と書かれているという意味です。⑤行目以降を現代語訳しますと「**これによって不動院領の朱印地も武蔵国葛飾郡となり**」となります。

⑦ 

はじめの2文字はあまりくずれていませんので、素直に「**且又**《かつまた》」と読めるでしょう。3行目以下は「**聖**《しょう》**護**《ご》**院**《いん》**御**《ご》**門**《もん》**跡**《ぜき》**之**《の》**證**《しょう》**文**《もん》」となります。くずし字では、「**御門跡**」にまず注意します。「**御**」は典型的なくずし、「**門**」は川がくずれた平仮名の「つ」に類似していますが、ここでは「**門**」です。10・11字目は「**證**《しょう》**文**《もん》」で、今日では「**証文**」と常用漢字で書きます。「**証文**」は、許認可や取り決めごとを記した書類全般に使われました。聖護院は幸手不動院の本山であり、聖護院門跡の証文とは、とくに本山修験で用いられた「聖護院門跡御教書《しょうごいんもんぜきみぎょうしょ》」という文書のことです。不動院は、戦国時代にこの御教書の発給を受け、天正十九年（一五九一）にも前代と変わりない権益を認められていました。「**門跡**」は、皇子や貴族が入った寺院のことで、門跡寺院は寺格が高かったのです。聖護院は皇子が入る宮門跡《みやもんぜき》寺院として、高い寺格を誇っていました。12字目以下は「**下総国一圓に**《しもうさのくにいちえん》」と読みます。「**総**」のくずし、「**圓**」は「**円**」の旧字、変体仮名の「**に**（尓）」などとともに、「**国**」の国構えの省略法、つまり左右に点が打たれることはぜひ覚えておきたい重要なくずしです。圓や固など、国構えの文字のくずしとして、よくみられる形です。なお、前行の「**武蔵国**」では「**國**」が書かれ、ここでは「**国**」

でくずし方も異なっています。同じ古文書の中でも、このように違う形で字がくずされる例はよくあることです。

⑧

行頭「不動院」はよいとして、は返読文字を含む表現です。最初は「可《べし》」、次は「為《たり》」、「為」は「わゐうゑを」の「ゐ」にもなりますが、ここでは連用形で「たる」と読む助動詞、は冠の部分は「雨《あめかんむり》」の典型、冠の下は実は「段」のくずし字としても頻出しますが、「叚」のくずしともなり、あわせて「霞《かすみ》」となります。したがって下から返って「霞たるべき」と読み、「之由《のよし》」と続きます。「霞」は霞場とも呼ばれ、修験が守札配《まもりふだくば》りをしたり祈祷《きとう》を行ったりすることができる区域のことを指します。は「有之」で「これある」と返読します。「之」はこの場合「置字《おきじ》」といって、語調を整えたりする意味がありますが、読まなくともよいとされています。は「上者《うえは》」で、変体仮名「者(は)」は前出。⑦行目以下の一文は、「なお聖護院門跡が発給した証文(聖護院門跡御教書)には下総国全てを不動院の配下としなさいと書いてある以上は」、という意味となります。

⑨

文章の最後は、結論を述べたところです。まず行末は「今以《いまもって》」で次行に続きます。

はじめの6文字は「右之川筋《みぎのかわすじ》を境《さかい》」と読みます。くずし字では「筋」・「境」は前出。「右之川筋」とは、この文書の冒頭にあった「栗橋より西古利根川…浅草川筋」のことを指します。この川筋は、旧武蔵・下総両国の国境でした。続いて「不動院進退《ふどういんしんたい》」とあります。「進退」は動作や行動、去就などの意味がありますが、この場合の「進退」は、所領《しょりょう》や所職《しょしき》に関わる権限を自由に行使できること、つまり不動院が本山の聖護院から認められた霞場に対する修験支配の権限のことをさします。行末は「不《べか》レ可《らず》」で次行に続きます。

⑩

上から「有相違者也」と書かれています。前行下から「不」「可」「有」と返読文字が続くので、「相《そう》違《い》」から一つずつ返って「相違有るべからざる」と読みます。このように返り点が付く読み方はわずらわしいかもしれません。しかし、近世ではほぼ返読文字は決まりきっており、上下点のように文をまたいで返る例は少ないので、返読文字が出てきたら、まず一つずつ下から読み返していく癖をつけると慣れやすいし、気にならなくなってきます。最後の「者也」は末尾の表現としてよく出てくるもので、「ものなり」と読みます。「者」はまったくの当て字です。右の川筋（古利根川〜浅草川）を境とする不動院の権限は変更ないものとする、という意味です。少しまとめてみますと、武総国郡境の変更があったが、将軍朱印状や聖護院門跡御教書にあるとおり、不動院の権限は変更ないということです。おもに新しくできた武蔵国葛飾郡の修験霞の取り扱いを定めた覚書でした。おそらく、他の武蔵国修

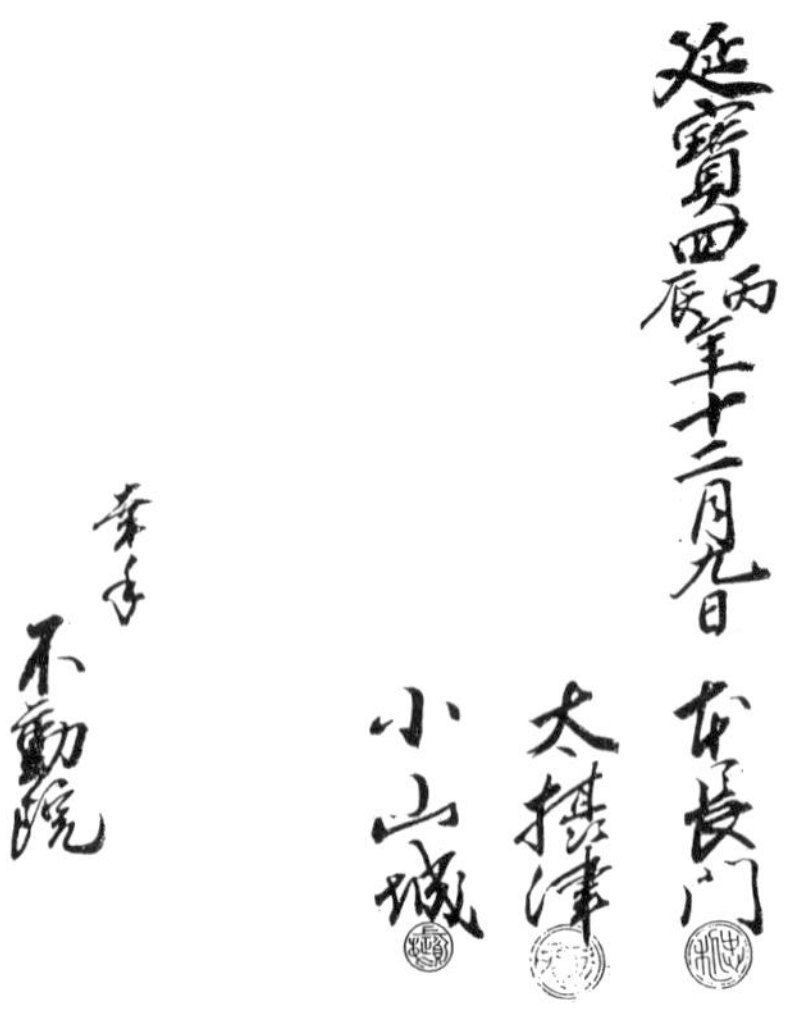

験寺院との霞場をめぐる争論が起きたりしたのかも知れません。不動院が、自分たちの霞場のお墨付きをもらう必要があったため、寺社奉行の裁可を仰いだものと思われますが、詳細は不明です。

最後に日付・差出人・宛書を読んでおきましょう。年月日は「**延寳《えんぼう》四丙辰年《ひのえたつのとし》十二月九日**」、ほぼ楷書なので問題ないと思いますが、「**寳**」は「**宝**」の旧（正）字でよくみられる字ですから、字典などでくずし字もチェックしておいてください。差出人は日下に「**本　長門㊞**」、「**太摂津㊞**」、「**小　山城㊞**」であり、宛所は「**幸手　不動院**」です。くずし字では「**本**」と「**手**」はよく出てきます。「**手**」は「年」のくずし字とも似ているので要注意。差出の三名は江戸幕府の寺社奉行。「**本長門**」は陸奥国石川藩主本多長門守《ながとのかみ》忠利で、寛文十一年（一六七一）四月から延宝四年十二月まで、「**太摂津**」は遠江国浜松藩主太田摂津守《せっつのかみ》資次で、延宝四年七月から延宝六年六月まで、「**小山城**」は三河国吉田藩主小笠原山城守《やましろのかみ》長矩（頼）で、寛文六年六月から延宝六年二月までそれぞれ在職していました。

①覚《おぼえ》

②栗橋《くりはし》より西《にし》、古利根川筋《ふるとねがわすじ》猿ケ俣《さるがまた》舟渡《ふなわたし》・

③隅田川《すみだがわ》・浅草川筋《あさくさがわすじ》、往古者《おうこは》下総国葛餝郡《しもうさのくにかつしかぐん》

④境《さかい》たりといへとも、近来葛餝東西《きんらいかつしかとうざい》二《ふたつ》に相分《あいわけ》、

⑤西者《にしは》武州江入候《ぶしゅうえいりそうろう》、依㆑之《これにより》不動院領之《ふどういんりょうの》

⑥御朱印《ごしゅいん》にも武蔵国葛餝郡与被㆓成下㆒《むさしのくにかつしかぐんとなしくだされ》、

⑦且又聖護院御門跡之証文《かつまたしょうごいんごもんぜきのしょうもん》下総国一円《しもうさのくにいちえん》に

⑧不動院可㆑為㆑霞之由有㆑之上者《ふどういんかすみたるべきのよしこれあるうえは》、今以《いまもって》

⑨右之川筋《みぎのかわすじ》を境《さかい》不動院進退《ふどういんしんたい》不㆑可㆑《そういあ》

⑩有㆓相違㆒者也《るべからざるものなり》

延宝四丙辰年《えんぽうひのえたつのとし》十二月九日

本　長門《ながと》㊞

太　摂津《せっつ》㊞

小　山城《やましろ》㊞

幸手《さって》　不動院《ふどういん》

古文書教室一旦閉講

『はじめての古文書教室』、読み終わって、いかがでしたか。

これは簡単すぎるという方、古文書や歴史についての参考書・概説書・解説書を読み進めて、本格的な古文書の解読・解釈に挑戦していってください。

反対に、ちょっと難しくて、やっぱりいやになりかけているという方。本当にしつこいようですが、古文書の解読は「習うより慣れろ」です。他に王道はありません。頭から全て覚えよう、暗記しようとせず、気に入ったテキストから始めて、1日に一度、忙しければ2〜3日に一度、10分間でよいですから本書をめくってみて下さい。たとえ一行、一文でも、継続して続けることが皆さんの力となります。半年、1年と続ければ、きっと文書館や博物館に展示してある古文書や絵図が、完璧とはいわなくても6〜7割ぐらいは読めるようになっているはずです。

繰り返しますが、決まったくずしの字、返読文字、変体仮名、異体字、候文と用字・用法などをそのつどチェックしていくことが大切です。定番の字が読めるようになれば、あとは文字そのものや古文書・歴史などについての知識がどれだけあるか、経験の世界となります。終わりのない道が続きますが、それだけ楽しみも無限大ということです。ぜひ根気よく「継続は力なり」を座右の銘に、古文書の世界への扉を開いていっていただきたいと思います。

【監修者】
林　英夫　はやし ひでお
1919年生まれ　立教大学文学部史学科卒業
元立教大学教授
歴史家　2007年没

【著　者】
天野　清文　あまの きよふみ
1953年生まれ　立教大学文学部史学科卒業
現在　天野出版工房代表　編集者

実松　幸男　さねまつ ゆきお
1967年生まれ　國學院大学大学院文学研究科日本史学専攻博士課程
前期（修士）修了
現在　春日部市郷土資料館長（学芸員）

はじめての古文書教室

2005年10月10日　第1刷発行
2023年4月1日　第8刷発行

監修者　林　英夫
著　者　天野清文・実松幸男
発行者　天野清文
発行所　天野出版工房
〒411-0907　静岡県駿東郡清水町伏見405-12
電話・FAX　055（919）5588
http://www.amano-books.com/

発売所　株式会社 吉川弘文館
〒113-0033　東京都文京区本郷7丁目2番8号
電話 03（3813）9151〈代表〉
振替口座 00100-5-244
http://www.yoshikawa-k.co.jp/

装　幀　下山ひろし
印　刷　不二精版株式会社
製　本　協栄製本株式会社

ISBN978-4-642-07946-4